Helmut Pauls und Michael Reicherts

Zielorientierung und Zielerreichungsanalyse in der psycho-sozialen Fallarbeit

Eine Arbeitshilfe
für Beratung, Soziale Arbeit, Sozio- und Psychotherapie

2. durchgesehene Auflage 2012

SCHRIFTENREIHE ZUR

PSYCHOSOZIALEN GESUNDHEIT

Beiträge zur Klinischen Sozialarbeit

Band 14

IPSG - Institut für Psycho-Soziale Gesundheit
Wissenschaftliche Einrichtung an der
Fachhochschule Coburg

Herausgeber der *Schriftenreihe zur psychosozialen Gesundheit* :
Prof. Dr. Helmut Pauls, Fachhochschule Coburg
Prof. Dr. Michael Reicherts, Universität Fribourg, Schweiz
Prof. Dr. Anton Schlittmaier, Berufsakademie Sachsen

SCHRIFTENREIHE ZUR

PSYCHOSOZIALEN GESUNDHEIT

Band 14

CIP-Titelaufnahme der Deutschen Bibliothek
Helmut Pauls und Michael Reicherts
Beiträge zur Klinischen Sozialarbeit
Zielorientierung und Zielerreichungsanalyse in der psycho-sozialen Fallarbeit. Eine Arbeitshilfe für Beratung, Soziale Arbeit, Sozio- und Psychotherapie

Coburg: IPSG 2010 & Weitramsdorf: ZKS-Verlag 2012
ISBN 978-3-934247-64-2

IPSG - INSTITUT FÜR PSYCHO-SOZIALE GESUNDHEIT

Gemeinnützige Gesellschaft mbH
Wissenschaftliche Einrichtung an der Hochschule Coburg - Staatlich anerkannter freier Träger der Jugendhilfe - Mitglied im PARITÄTISCHEN Wohlfahrtsverband. Amtsgericht Coburg. HRB 2927;
Geschäftsführer: Dipl.-Soz.päd.(FH) Stephanus Gabbert

Das IPSG ist eine gemeinnützige wissenschaftliche Einrichtung mit folgenden Aufgaben:

Interdisziplinäre Fort- und Weiterbildung von Angehörigen des psycho-sozialen Berufsfeldes

Anwendungsbezogene Weiterentwicklung psycho-sozialer Interventionsformen in Theorie und Praxis

Betrieb einer Einrichtung der Klinischen Sozialarbeit für Kinder, Jugendliche und Familien (IPSG-Zentrum für Kinder-, Jugend- und Familienhilfe)

Kooperation mit Hochschulen, Bildungsträgern, Praxis-Institutionen und Fachverbänden

IPSG-Sekretariat und IPSG-Zentrum
für Kinder-, Jugend- und Familienhilfe
Mönchswiesenweg 12 A
D-96479 Weitramsdorf-Weidach
Tel./Fax (09561) 33197
e-mail: sekretariat@ipsg.de

IPSG an der Hochschule Coburg
Fakultät Soziale Arbeit und Gesundheit
Friedrich-Streib-Strasse 2
D-96450 Coburg
e-mail: pauls@hs-coburg.de

Die Autoren:

Prof. Dr. Helmut Pauls, Diplom-Psychologe und Psychologischer Psychotherapeut, Professor für Klinische Sozialarbeit, Handlungslehre der Sozialarbeit und Psychologie an der Hochschule Coburg, Leiter des Masterstudienganges Klinische Sozialarbeit.

Prof. Dr. Michael Reicherts, Diplom-Betriebswirt, Diplom-Psychologe, Gesundheitspsychologe FSP, Professor für Psychologie Clinique an der Universität Fribourg / Schweiz.

Inhaltsverzeichnis

Vorwort

In diesem Band der Schriftenreihe zur Psychosozialen Gesundheit entwickeln Helmut Pauls und Michael Reicherts das Konzept einer Zielerreichungsanalyse (ZEA). Das Konzept wird sehr differenziert dargelegt und durch viele Beispiele belegt. Ausgehend von der Forderung des empirischen Nachweises der Effektivität der eingesetzten beratenden, unterstützenden bzw. therapeutischen Maßnahmen durch die Kostenträger wird ein Modell vorgestellt, das einerseits eine exakte Messung von Ist- und Sollzustand realisiert, das anderseits aber nicht einem reinen Expertenmodell verpflichtet ist. Durch partizipative Elemente kann der Klient selbst im Diskurs mit dem Professionellen eine Einschätzung seiner Situation sowie den Grad der Zielerreichung vornehmen.

Die Autoren zeigen, dass aktuell auch humanistische und prozessorientierte Sichtweisen die Definition von Zielen sowie die Messung der Zielerreichung in ihr Selbstverständnis integriert haben. Damit hat sich die Situation im Vergleich zu den Gründerjahren humanistischer Ansätze durchaus gewandelt. Eine traditionelle, stark ethisch motivierte Ablehnung von Messverfahren ist einer reflektierten Integration gewichen.

Durch die subjektive Einschätzung, die die Zielerreichung durch die Klienten erfährt, ist deren Subjektstatus gewahrt. Gleichzeitig entfaltet das Konzept der Zielerreichungsanalyse therapeutische Potenz, indem es den Klienten motiviert, sich differenzierter mit seiner Situation auseinanderzusetzen, Ziele verschiedener Lebensdimension möglichst genau zu benennen und auch den Grad der eigenen Zielerreichung einzuschätzen.

Das Verfahren wird leicht verständlich dargestellt und damit für die eigene Praxis nachvollziehbar. Es soll zur Professionalisierung beitragen – gerade in Arbeitsbereichen, deren gesellschaftlicher Wert aufgrund fehlender Kriterien zur Feststellung des Erreichten oft nicht die angemessene Wertschätzung erfährt.

Prof. Dr. Anton Schlittmaier

1. Zielsetzung und Relevanz des Verfahrens

Psycho-soziale Fallarbeit umfasst ein breites Spektrum von Interventionsformen, die von verschiedenen Disziplinen in unterschiedlichen Settings und mit unterschiedlichen theoretischen Ansätzen und praktischen Methoden durchgeführt werden. Zu nennen sind:

- *Psycho-soziale Beratung,* die auf Klärung von Konflikten, auf Ressourcenaktivierung sowie Problemlösungs- und Handlungshilfe gerichtet ist. Sie wird von unterschiedlichen Professionen durchgeführt, insbesondere von Sozialarbeitern bzw. Klinischen Sozialarbeitern, Pädagogen, Psychologen und Psychotherapeuten, aber auch Angehörigen von neuen Gesundheitsberufen wie Ergotherapeuten und Fachpflegekräften.

- *Case- bzw. Fallmanagement, Einzelfallhilfe und Hilfeplanung* in personbezogener Unterstützung.

- *Soziale Therapie (bzw. Soziotherapie)* – insbesondere im Rahmen der psychiatrischen Versorgung und der Rehabilitation. Sie ist nicht ausschließlich, aber primär ein Teilgebiet der Klinischen Sozialarbeit, der psychiatrischen Fachpflege, der Klinischen Psychologie und der Psychiatrie. Dazu gehören auch *Förderung und Training* psycho-sozialer Kompetenzen und von Grundfunktionen der Selbständigkeit sowie *Begleitung und Betreuung.* Letztere umfasst eine Reihe von Interventionen und Handlungen, wie z.B. Unterstützen und Motivieren, in Alltagsfragen zur Seite stehen, bei persönlichen Problemen und bei Auseinandersetzungen mit Familienmitgliedern oder Mitbewohnern helfen. Die psycho-soziale Fallarbeit im Rahmen Sozialer Therapie und Beratung ist in besonderem Maße durch *Netzwerkinterventionen* und *soziale Unterstützungsinterventionen* gekennzeichnet, sowie durch aufsuchende psycho-soziale Interventionen im Lebensfeld.

- *Krisenintervention* ist ebenfalls eine interdisziplinäre Aufgabe und umfasst sowohl personbezogene als auch umfeldbezogene Hilfen, die sich methodisch größtenteils der Mittel der Beratung, Psychotherapie, sozialen Unterstützung und Netzwerkarbeit bedienen.

- *Psychotherapie* als weitere zentrale Grundform psycho-sozialer Behandlung ist nach den bundesdeutschen Regelungen bisher bei Erwachsenen der ärztlichen und psychologischen Psychotherapie vorbehalten, bei Kindern und Jugendlichen sind Sozialpädagogik und Pädagogik ebenfalls zugangsberechtigte Disziplinen. In der beruflichen Wirklichkeit in Deutschland sind psychotherapeutische Methoden im Rahmen von psychosozialer Beratung in vielfältigen Settings Bestandteil der (Klinischen) Sozialarbeit, insbesondere in Einrichtungen der Suchtbehandlung, ambulanten Beratungsstellen (z.B. Erziehungs-, Lebens-, Partner-, Familien- und Sexualberatungsstellen), sozialpsychiatrischen Diensten und psychosomatischen und psychiatrischen Kliniken sowie Rehabilitationskliniken.

In wachsendem Maße wird von verschiedenen Kostenträgern eine empirische Überprüfung der Effektivität der Fallarbeit in den genannten Bereichen eingefordert; zunehmend auch von einer wachsenden Zahl kommunaler Sozialer Dienste und Jugendämter. Hierzu werden *evidenzbasierte Verfahren* benötigt, die es erlauben, die Resultate der interdisziplinären und theoretisch wie methodisch hochgradig diversifizierten Fallarbeit praxisnah und konkret zu erfassen und zu bewerten. Hierbei ist die Erarbeitung von konkreten Veränderungszielen, die Erfassung und Steuerung des Prozesses der Zielerreichung im Verlaufe der Interventionen und die abschließende Evaluation von zentraler Bedeutung, ja unverzichtbar. Auf diesen Bedarf eines breiten Spektrums der Praxis psycho-sozialer Fallarbeit antworten wir mit dem hier vorgestellten Verfahren einer systematischen, interdisziplinär einsetzbaren und schulenunabhängigen Zielerreichungsanalyse (ZEA).

Eine Methode mit dem Namen *"Goal Attainment Scaling (GAS)"* wurde erstmals von Kieresuk und Sherman (1968; siehe auch Kieresuk, Smith & Cardillo, 1968) publiziert. Seitdem ist hierzu eine grosse Zahl von Veröffentlichungen erschienen. Nach Green und Herget (1989) wurde GAS bereits bis zu diesem Zeitpunkt in mehr als 800 Settings (Einsatzgebieten) psychologischer Forschung und Praxiskontrolle eingesetzt. Zu der ursprünglichen Methode wurden Varianten vorgeschlagen, z.B. das *Goal Attainment Rating Program* von Ellis und Mumpower (1975). Eine ähnliche, jedoch nicht davon abgeleitete Technik ist die von Shapiro, Caplan, Rohde und Watson entwickelte Technik des *"Personal Questionnaire"* (Shapiro et al., 1975). Die hier von uns vorgestellte Methode orientiert sich an der vereinfachten Vorgehensweise des Goal Attainment Scaling nach Romney (1976).

Wir haben die Vorgehensweise in den 1990er Jahren entwickelt und in einer Reihe von Einsatzgebieten erprobt: in der Therapie- und Beratungsausbildung, in der psychotherapeutischen Arbeit, in Beratungskontexten der Klinischen Sozialarbeit mit Kindern, Jugendlichen und Familien (Jugendhilfe) und in einer heilpädagogischen Einrichtung. In einer evidenzbasierten Evaluationsstudie zur Gestalttherapie wurde sie schließlich auch in der Therapieforschung erfolgreich eingesetzt (Pauls & Reicherts, 1999). Der Ansatz ist in der von uns vorgeschlagenen Adaptation als *„Ziel-Erreichungs-Analyse (ZE-A)"* auch in die Instrumenten-Batterie zur Gespächspsychotherapie und Gesprächsführung (Pauls & Reicherts, 2001; in Tscheulin, 2001) aufgenommen worden.

Von Lutz und Kollegen (Lutz, Fegert, Batelworth & Stiller, 2006) wurde eine ähnliche Version – dort neben individuellen Zielerarbeitungen auch kombiniert mit "standardisierten" sozialen Kompetenzzielen – in einer Untersuchung zur individuellen Erfassung pädagogischer Ziele in der Jugendhilfe erfolgreich eingesetzt. Andere Varianten schlagen vorformulierte Zielinventare mit Bereichen und Items vor (z.B. Braaten, 1989) oder akzentuieren stärker den Interventionscharakter der Methode. So entwickelten Ng und Tsang (2002) ein Zielerreichungs-Programm, das nicht nur diagnostische und evaluative Funktionen hat, sondern schwer psychisch kranken Menschen ausdrücklich die Formulierung realistischer Lebensziele ermöglichen soll.

Zielbezogene Diagnostik in der psycho-sozialen Fallarbeit bemüht sich um die Bestimmung bzw. Erfassung konkreter Veränderungsziele und deren prozessbegleitende Analyse. Die Zielerreichungsanalyse ist ein Verfahren interventionsorientierter Diagnostik und der (Einzelfall-)Evaluation und Qualitätssicherung. Es handelt sich um ein prinzipiell partizipatives Verfahren, da die Dimensionen der Zielerreichung und Evaluation nicht vorgegeben, sondern kooperativ mit den Klienten erarbeitet und vereinbart werden. Die Einschätzung der Erreichung der qualitativen Ziele des Klienten wird ergänzt durch die quantifizierende Abschätzung des prozentualen Grades der Zielerreichung. Dadurch eignet sich das Verfahren sowohl zur inhaltlichen Fundierung und Steuerung des Interventionsprozesses als auch zur (aggregierbaren) qualitativen und quantitativen Einzelfall-Evaluation im Rahmen der Qualitätssicherung – sowie zu Forschungszwecken. Oder mit anderen Worten: die Zielerreichungsanalyse als Bestandteil der Veränderungsarbeit ist eine interventionsorientierte, erlebens- und verhaltensnahe Diagnostik, die andere diagnostische Verfahren, wie z.B. die störungsorientierte oder klassifikatorische Diagnostik[1] sinnvoll ergänzt.

---

[1] In der klinischen Psychologie und Psychotherapie ermöglicht klassifikatorische Diagnostik (z. B. nach dem DSM oder ICD-10), die Symptome von Patienten einer Diagnose zuzuordnen (z. B. Alkoholismus; Bulimia nervosa; Borderline-Störung) und damit eine Suchrichtung für wichtige störungsspezifische Behandlungsentscheidungen und Vorgehensweisen zu erhalten. Interventionsrelevante störungsorientierte Diagnostik basiert auf theoretischen Annahmen und Befunden zu einer spezifischen psychischen Störung nach dem neuesten Stand der Forschung (z. B. bei Angst- und Panikstörungen, Persönlichkeitsstörungen, Essstörungen, Zwangssyndrom etc.).

Als interventions- und prozessbezogenes diagnostisches Verfahren dient die Zielerreichungsanalyse der adaptiven Indikationsstellung und bildet die Basis für die Verlaufskontrolle der Interventionen. Dabei soll sie auch Antworten auf folgende Fragen liefern:

- Welche Ziele hat der Klient? Stimmt er den vereinbarten Interventionszielen zu?

- Profitiert er von der laufenden Intervention?

- Ist er mit Maßnahmen unzufrieden?

- Arbeitet er an der Klärung seiner Probleme?

- Vermeidet er die Konfrontation mit Problemaspekten oder Anforderungen?

Nur durch prozessdiagnostische Informationen erhält die Fachkraft Hinweise zu Wirkungskontrolle, Steuerung und Anpassung ihrer Interventionen, der Klient eine explizite Mitwirkungsmöglichkeit bei der Planung, Durchführung und Bewertung der Hilfe.

2. Funktionen der Zielerreichungsanalyse

Die Funktionen von Zielerarbeitung und Zielerreichungsanalyse lassen sich auf zwei Achsen beschreiben: zum einen im Hinblick auf ihre psychologischen Funktionen, zum zweiten im Hinblick auf methodische und sachlogische Funktionen.

2.1. Psychologische Funktionen: Hoffnung, Aktivierung, Motivation, Commitment und Selbstverantwortung („hope-work")

Menschen handeln sinn- und zielorientiert, sie tun etwas, wenn sie dafür einen Grund sehen und ein Ziel vor Augen haben. Viele Klienten und Patienten mit Bedarf an psychosozialer Unterstützung, Beratung und Therapie erleben jedoch Hilflosigkeit und fühlen sich demoralisiert (Frank, 1961). In einem allgemeinen Sinne haben sie wichtige Qualitäten ihrer Lebensorientierung verloren: Gesundheit, Autonomie, Orientierung, ein Gefühl für persönliche Gestaltungskraft und Wirkung, Kontrolle über das eigene Leben. Ohne Ziele gibt es keine Hoffnung. Sie sind unverzichtbare Voraussetzung für aktives Tun, Leistung, Befriedigung und Erfolg, oder, wie Locke, Shaw, Saari und Latham (1981, 145) feststellen: „The beneficial effect of goal setting on task performance is one of the most robust and replicable findings in the psychological literature." Die Bestimmung von persönlich bedeutsamen Zielen stimuliert die Motivation des Klienten für die Arbeitsbeziehung, indem sie seine Wünsche, Ansprüche und Hoffnungen anspricht und indem sie mit Respekt und Anerkennung seine Kompetenzen, seine Selbstverantwortung und seine Mitarbeit ermöglicht. Der durch die Fachkraft in wertschätzender und einfühlender Weise geleitete Prozess der Zielfindung, der Antizipation, Konkretisierung und Konsensbildung hat für Klienten Modellcharakter. Mit Interesse, Verbindlichkeit und Kooperationsbereitschaft wird die persönliche Problematik und schwierige Lebenssituation des Klienten ernst genommen, untersucht und dabei transzendiert, indem in gemeinsamer Arbeit Ziele und Schritte zu ihrer Erreichung bestimmt werden. Dazu wird Bezug genommen auf Wünsche und Ansprüche, Kompetenzen, Zuversicht, Ressourcen und soziale Gelegenheiten. Das „Defizit" oder „Problem" wird dadurch zum Ausgangspunkt für die Bewusstwerdung der eigenen Handlungsmöglichkeiten und zur Plattform für die Erfahrung der eigenen Stärken, für Verstehen, Handeln und Sinnerfahrung durch partizipative Beteiligung in einem salutogenetischen Veränderungsprozess (Antonovsky, 1997).

Ng (1999) stellt ein Vier-Phasenmodell für die Anwendung seines Zielerrei-chungs-Programms vor, das nicht nur diagnostische und evaluative Funktio-nen hat, sondern ausdrücklich entwickelt wurde, um psychisch schwer kran-ken Menschen die Formulierung realistischer Lebensziele und damit Hoff-nung zu ermöglichen (Ng & Tsang, 2002).

2.2 Methodische und aufgabenorientierte Funktionen: Kooperation, Strukturierung und Antizipation

Die funktionale Einbettung und Wirkungsweise der Methode der Zielerrei-chungsanalyse fördert insgesamt ein handlungsorientiertes Verständnis von veränderungsorientiertem Vorgehen, das den meisten Klienten unmittelbar einleuchtet. Dabei sind einige Aspekte besonders hervorzuheben:

- *Erarbeitung und kooperative Zielvereinbarung*: Mit ihrem kooperativen Prozess zwischen Fachkraft und Klient zeigt die ZEA auf verschiedenen Ebenen in den Phasen des Interventionsprozesses hilfreiche Wirkungen. Grundsätzlich fördert sie, dass Klient und Helfer/Behandler sich auf we-sentliche Zielsetzungen des Klienten konzentrieren, indem sie klare Vor-gaben für das Vorgehen bereit stellt: es geht für beide um zu erarbeitende *Ziele*, die Entwicklung und Vereinbarung zielbezogener Vorgehenswie-sen (*Contracting*) und um die Verständigung über Kriterien zur *Bewer-tung* der Zielerreichung.

- *Strukturierung, Steuerung und Verlaufskontrolle*: Das Verfahren gibt eine Struktur und einen Bezugsrahmen für die Interventionen, ohne die Wahl bestimmter Interventionsformen von vornherein einzuschränken oder festzulegen. Sie erlaubt die einzelfallbezogene Steuerung, indem sie pro-zessbezogen das Machbare auslotet und immer wieder das Realistische und das optimal Erreichbare fokussiert. Die in der ZEA festgelegten Ziele stellen auch ein Korrektiv für beide Seiten im Verlaufe der Maßnahme dar, indem immer wieder die Rückbindung an die vereinbarten Ziele und die Prüfung des Grades ihrer Erreichung eingefordert werden.

- *Antizipation*: Die Erarbeitung von persönlich relevanten Zielen, die das Problemspektrum des Klienten repräsentieren und zugleich akzentuieren und strukturieren, bilden den Bezugspunkt für Erwartungen und den Ent-wurf (Planung) von Veränderungsschritten bzw. beraterischen und thera-peutischen Strategien, einschliesslich des Beziehungsaufbaus. Dabei ist es für viele Klienten sehr bedeutsam, dass sie sich überhaupt mit einer realistischen Antizipation ihrer Ziele auseinandersetzen, indem sie sie konkretisieren. Dies ist bereits ein wichtiger Teil des Beratungs- und Interventionsprozesses, der bereits zu Veränderungen beim Klienten führen kann. Auch in ihrer Standardanwendung ist die ZEA somit ein "reaktives" Messverfahren, und kann damit selbst gewisse verändernde – auch „therapeutische" – Effekte haben, da sie „Metakompetenzen" stimuliert, wie Problemlösen, oder die Fähigkeit selbst Ziele zu setzen, zu akzentuieren und zu verfolgen. Dabei ist natürlich auch die Beratungskompetenz bzw. das Geschick der Gesprächsführung der Fachkraft gefordert.

3. Zielorientierung in verschiedenen Beratungs- und Therapieansätzen

Die Bestimmung und Erreichung von Therapiezielen ist ein zentrales Thema in der Psychotherapie und Beratung. Die ZEA bietet sich nicht nur für verhaltenstherapeutische und kognitive Interventionsansätze an (wo sie in der einen oder anderen Form zum Standardrepertoire gehört), sondern lässt sich ebenso gut in erlebensorientierte Therapieansätze integrieren, insbesondere solchen, die zielorientiert arbeiten, wie die zielorientierte Psychotherapie nach Sachse (1992) oder die prozessdirektive Psychotherapie nach Greenberg (2002; zum Überblick siehe Reicherts, 2011).

In der Verhaltenstherapie ist die Zielbestimmung und die Interventionsplanung hinsichtlich zielerreichender Schritte integraler Bestandteil der Verhaltensanalyse. So wurde auch die Zielerreichungsanalyse bisher ganz überwiegend in verhaltens- und kognitionstherapeutischen Studien verwendet. In den erfahrungs- bzw. erlebensorientierten Ansätzen von Psychotherapie und Beratung (Gesprächspsychotherapie und Gestaltpsychotherapie) wurde dagegen der Beziehungsprozess zwischen Therapeut und Patient zentral gestellt, nicht die Problemlösung und gezielte Veränderung konkreter (symptomatischer) Verhaltens- und Erlebensweisen. In seiner Persönlichkeitstheorie ist für Rogers (1987, 48) das menschliche Verhalten „...ein zielgerichteter Versuch des Organismus, seine erlebten Bedürfnisse nach Aktualisierung in der wahrgenommenen Realität zu befriedigen." Er formulierte explizite positive Zielbeschreibungen insbesondere im Hinblick auf Ziele (1) der Selbstverwirklichung und (2) der Selbstakzeptanz:

(1) Offenheit für Erfahrung, Vertrauen in den eigenen Organismus, interner Ort der Selbstbewertung und „im-Prozess-Sein";

(2) das Aufgeben von Fassaden und des Bestrebens, Erwartungen anderer zu erfüllen und Ihnen gefallen zu wollen einerseits, hin zu Selbst-Steuerung, Zulassen eigener Komplexität, Selbstvertrauen und Akzeptanz anderer Personen andererseits (Rogers, 1961, 1987).

So ist die Analyse von positiven (Selbst-Entwicklungs-) Zielen, die der Klient / Patient in inkongruenter Weise anstrebt und für deren Erreichung er therapeutische Hilfe aufsucht, impliziter Bestandteil der klassischen gesprächstherapeutischen Konzeption. Nahezu tabu war jedoch lange Zeit bei beiden Ansätzen die explizite und operationale Bestimmung von mittel- und langfristigen Veränderungszielen auf der Problem- oder Symptomebene. Das hat sich in neuerer Zeit geändert. In der Gsprächspsychotherapie wird heute sowohl eine genauere Diagnostik im Hinblick auf fundierte Indikationsentscheidungen und differentielle Therapieplanung eingefordert (z. B. Eckert, Biermann-Ratjen & Höger, 2006; Tscheulin 1996), als auch zielorientiertes Vorgehen in Bezug auf bestimmte Typen problematischer bzw. pathologischer Erlebensprozesse beschrieben (Sachse 1992, 1996). Auf der Basis der Analyse typischer Prozessschwierigkeiten von Klienten (wie z. B. ungünstige Problembearbeitungen oder Vermeidungsverhalten) werden zielbezogene Handlungsmöglichkeiten des Gesprächspsychotherapeuten vorgeschlagen. Die ZEA von Pauls und Reicherts (2001) wurde in das Repertoire der Evaluationsinstrumente des „Würzburger Leitfaden zur Verlauf- und Erfolgskontrolle Personzentrierter Beratung und Psychotherapie (WLF)" (Tscheulin, 2001) als „spezielles Verfahren" aufgenommen. Tscheulin weist der Zielorientierung in der Personzentrierten Beratung und Psychotherapie damit eine ausdrückliche Bedeutung zu. Er fordert nach dem dritten Gespräch eine erste Zwischenanalyse zur Zielerreichung, indem der Therapeut bzw. Berater bisherige Informationen hinsichtlich der Ziele, Zielumsetzung, Ausführung und Bewertung ordnet.

In der Gestalttherapie war das explizite zielbezogene Arbeiten einerseits lange Zeit verpönt (Arbeit im „Hier und Jetzt"), andererseits jedoch immer schon Bestandteil des Vorgehens, allerdings beschränkt auf die einzelne Therapiesitzung oder darin ablaufende kürzere Therapieepisoden, die z. B. durch die Frage: „Woran wollen Sie heute arbeiten?" eingeleitet wurden. Auch die sog. „Gestaltexperimente" erfordern zwangsläufig ein zumindest implizit zielbezogenes Vorgehen, da diese therapeutischen Aufgaben vom Therapeuten in einer bestimmten Situation entwickelt und eingesetzt werden, um ein bestimmtes (Teil-)ziel zu erreichen (z. B. Steigerung der Awareness für eine körperliche Verspannung). Petzold betont die Notwendigkeit des integrativen Vorgehens einschliesslich Zielanalyse und zielorientierter Bewältigungshilfen in Therapie- und Beratungsprozessen (z. B. Petzold 1992; vgl. auch Rahm et al. 1993). Im diagnostischen Prozess hat für diese gestalttherapeutisch geprägte Schule die Therapiezielbestimmung einen wichtigen Stellenwert. Von Osten (1995, 214) werden in diesem Zusammenhang folgende Zielarten und Ebenen unterschieden:

- Metaziele: Bewusstseinsförderung, Aufbau des Selbst- und Werteverständnisses, Förderung des Intersubjektivitätserlebens, Förderung der „Kokreativität".

- Persönlichkeitsziele: Selbstwert, Emotionalität, Ich-Stärke, Prägnanz, Differenzierung und Identität, Stabilität der Säulen der Identität, Kontakt- und Beziehungsfähigkeit, Abgrenzung.

- Kontextbestimmte Ziele: Arbeitsfähigkeit, Abbau von Leistungsstörungen, soziale Integration, Förderung der Möglichkeiten zur Solidaritätserfahrung.

- Störungs- und krankheitsbestimmte Ziele: Verminderung von Spannung, Angst, Depression etc.

Weitere zentrale Zielbereiche liegen im Bereich der Affektivität und der Emotionsverarbeitung. So lässt sich mit dem Konzept der „Emotionalen Offenheit" (Reicherts, Genoud & Zimmermann, 2011; Reicherts, 2007) der Zielbereich „angemessener Emotionsverarbeitung" bestimmen. Sie umfasst mehrere Dimensionen, die als Teilziele angemessenen Erlebens und Verarbeitens von Emotionen und Gefühlen gelten können (Reicherts, Pauls, Rossier & Haymoz, 2011): die angemessene kognitive Repräsentation (Wahrnehmung, Unterscheidung von Gefühlen), der Ausdruck und die Kommunikation von Emotionen gegenüber anderen, die Wahrnehmung der körperlichen Emotionsanteile und schließlich die Regulation von Emotionen selbst (siehe auch die sog. Stressbewältigung; Reicherts & Perrez, 1993; Reicherts, 1988). Auch im emotionsfokussierten Therapieansatz (Greenberg, 2002; Elliot, Watson, Goldman & Greenberg, 2004) lassen sich zentrale affektive Zielbereiche ableiten: Verstärkung der Aufmerksamkeit und Symbolisierung emotionalen Erlebens sowie des Ausdrucks von Emotionen; Verbesserung der Emotionsregulation; Reflexion und Sinnstiftung bezogen auf emotionale Erfahrungen; sowie das Modifikation problematischen Erlebens durch neue emotionale Erfahrungen und vor allem durch neue zwischenmenschliche Erfahrungen.

Auch in den tiefenpsychologischen Ansätzen finden sich Beispiele für eine stärker zielorientierte Arbeit, und wurden entsprechend positive Zielsystematiken formuliert. Zum Beispiel entwickelte Braaten (1989) auf der Basis von Daten einer klinischen Stichprobe und normalen Kontrollgruppen (insgesamt N=475 Personen) ein Instrument zur Einschätzung positiver Zielannäherung, die „Self-Development Project Check List-90 (SDPL-90)". Braaten extrahierte fünf Faktoren: interpersonale Abhängigkeit (*interpersonal dependency*), interpersonale Intimität (*interpersonal intimacy*), soziale Selbstbehauptung (*social assertiveness*), Selbst-Individuation (*self individuation*) und Selbstakzeptanz (*self-acceptance*). Bei der Interpretation der Dimensionen bezieht er sich sowohl auf tiefenpsychologische Theorien (u.a. Mahler, Adler, Fromm) als auch auf erlebensorientierte bzw. humanistische Ansätze (u.a. Rogers, Maslow, May, Jourard).

Dieser kurze Überblick zeigt die vielfältigen Anknüpfungspunkte und Verankerungen der Zielorientierung in psychologischen und psychosozialen Interventionen. Die Nutzung zielorientierter Arbeit ist ansatz- und methodenübergreifend.

4. Kontexte der Anwendung

Grundsätzlich lässt sich ohne Zielbezug keine Fallarbeit steuern (vgl. Rapp, 1998). Die Anpassungen und Korrekturen von Interventionsmaßnahmen sind immer in der Wahrnehmung von Abweichungen des Veränderungsprozesses von kurz-, mittel- oder langfristigen Zielen begründet. Sollen Klienten in partizipativer Weise in diese „Fallsteuerung" einbezogen werden, so bietet sich dafür die Zielerreichungsanalyse als sehr geeignetes Instrument an. Im Folgenden sollen die Funktionen der ZEA näher betrachtet werden im Rahmen von:

- Einzelfalldiagnostik, Interventionsplanung, Arbeitskontrakt zwischen Klient und Fachkraft,

- Fallkontrolle, Evaluation und Qualitätskontrolle,

- Interventions- und Wirkungsforschung.

4.1 Einzelfalldiagnostik, Interventionsplanung und Kontrakt

Die Formulierung konkreter Veränderungsziele sollte in einem Bezugsrahmen wertschätzend-fördernder, ressourcen- und stärkenorientierter Arbeit geschehen. Hierzu haben Ng und Tsang (2002) ein Vier-Phasen-Modell vorgeschlagen. Die Phasen umfassen (1) Vermittlung persönlicher Wertschätzung (*affirming personal worth*) mit dem Ziel eine Beziehung zu entwickeln und die Stärken der Personen zu identifizieren; (2) das Vorstellen der Zukunft (*imaging the future*) mit dem Ziel, die Vorstellungsfähigkeit der Person nutzen, um Hoffnung zu wecken und ein von den bisherigen Mustern abweichendes, neues Denken zu fördern (*install hope and facilitate divergent thinking*). (3) Die anschließende Phase zielt auf den Aufbau eines Gefühls von Kontrolle (*establishing a sense of control*) mit dem Ziel, der Person zu ermöglichen, die Art der Aktivitäten, Erlebens- und Verhaltenweisen zu bestimmen, um die es gehen soll, um eigene Kontrollerfahrungen zu schaffen. (4) Anschließend erst werden Ziele entwickelt und formuliert (*setting goals*), um eine nichtbedrohliche Formulierung konkreter Veränderungsziele zu erreichen.

Damit hat ein solches Vorgehen nicht nur diagnostische Funktion, sondern ist zugleich ein methodisches Instrument zur Förderung des Beratungs-, Interventions- oder Therapieprozesses. Orlinsky, Grawe und Parks (1994) weisen darauf hin, dass eine Investition in diese für Klienten und Patienten wichtigen Fragen positive Effekte auf den Erfolg hat, der jedoch von Beratern und Therapeuten zumeist unterschätzt wird. Dafür kann die ZEA eine Struktur und einen Bezugsrahmen bei der Veränderungsarbeit vorgeben, ohne die Wahl bestimmter Interventionsformen von vornherein einzuschränken und festzulegen. Die in der ZEA festgelegten Ziele stellen auch für beide Seiten – Klient und Fachkraft – ein Korrektiv dar. Insgesamt liefern sie so ein Verständnis für das konkrete Vorgehen, das den meisten Klienten unmittelbar einleuchtet.

Initiierung, Stabilisierung und Integration von Veränderungen und Fortschritten der Person sowie Veränderungen in der psycho-sozialen Umgebung und der Situation sind zentraler Bestandteil der Prozesse psycho-sozialer Intervention. Die Ergebnisse der Veränderung beziehen sich einerseits auf die Effekte der Interventionen und der helfenden Beziehung *innerhalb* einer Sitzung oder eines Treffens (wie z.B. die Vorbereitung von Entscheidungen, die Entwicklung von Alternativen, die Vorbereitung der Bewertung, das In-Frage-Stellen und Hinterfragen problematischer Annahmen und Überzeugungen, Einsicht gewinnen, sich besser fühlen, Angst bewältigen). Andererseits sollen die Zielsetzungen natürlich auch im Lebensalltag der Klienten, also *außerhalb* der Treffen, Sitzungen oder Gespräche mit der Fachkraft Wirkung entfalten. Veränderungsergebnisse wie Einsicht gewinnen und Verbesserung der Stimmung oder Erweiterung des sozialen Beziehungsnetzes sollten erst dann als wirkliche Erfolge gewertet werden, wenn sie fest in der Funktionsweise des Klienten verankert sind und vom Klienten in seinem Leben außerhalb der Beratungsbeziehung in verschiedenen Rollen und Situationen zuverlässig umgesetzt werden. Wichtig ist der in vielen empirischen Studien bestätigte Befund, dass die Veränderungsergebnisse im Sinne *einzelner kleiner Fortschritte* innerhalb der Beratungs- bzw. Therapiesituation eine gute Vorhersage für den Behandlungserfolg insgesamt sind. Da das Lebensumfeld von Klienten Veränderungen immer wieder ablehnend gegenübersteht, ist es wichtig zu wissen, dass kleine Fortschritte, die Klienten / Patienten im Rahmen der helfenden Beziehung und der Beratungssituation machen, häufig durchaus robust sind (vgl. Orlinsky & Howard, 1987).

Der Erarbeitung eines *Arbeitskontraktes* („*contracting*") erfordert eine frühe gegenseitige Übereinkunft über Ziele und Zweck der Maßnahmen zwischen Klient und Fachkraft. Insofern ist die *Zielformulierung* ein unerlässlicher Bestandteil des Contracting. Andererseits ist ein Kontrakt auch vorbereitendes

Element und Bestandteil jeder Form von Zielerreichungsanalyse. Der Kontrakt folgt aus den diagnostischen Abklärungen und beinhaltet eine klare Identifizierung von Problembereichen, spezifische Ziele für die gemeinsame Arbeit, ein Konzept für die Arbeitsschritte bzw. einen Veränderungsplan sowie eine Vereinbarung mit dem Klienten über die Art der Zielerreichungskontrolle.

Zentrales Prinzip ist die größtmögliche Einbeziehung des Klienten im Hinblick darauf, wie er sein(e) Problem(e) erlebt, was er verändern will und welche Art von Hilfe er sucht. Dabei geht es jedoch auch darum zu bestimmen, welche Art von Hilfe er braucht, unabhängig davon, ob dies in seiner Selbstwahrnehmung repräsentiert ist (vgl. Pauls, 2004).

Die Vereinbarung eines tragfähigen Beratungs- bzw. Behandlungskontraktes setzt eine Reihe grundlegender diagnostischer Abklärungen und Entscheidungen voraus. Wenn Klienten von sich aus weder Veränderung noch Hilfe suchen, wie es in der (Klinischen) Sozialarbeit häufiger vorkommt, ist die Fachkraft vor die Aufgabe gestellt, einen Kontakt und einen Veränderungswunsch zu provozieren, um überhaupt eine Basis für die Vereinbarung eines Kontraktes zu schaffen. Dies ist häufig in Behandlungsinstitutionen für Kinder und Jugendliche der Fall, ebenso in beschützenden Einrichtungen, in psychiatrischen Kliniken oder Institutionen für geistig behinderte oder retardierte Menschen. Es ist ebenfalls eine häufige Erfahrung mit schwer zu motivierenden Familien („*hard-to-reach families*"), die immer wieder verschiedenartige Probleme präsentieren, z.B. in der Schule oder bei der Polizei. Wie weit beispielsweise ein Klinischer Sozialarbeiter in seinen aufsuchenden und Kontakt provozierenden Bemühungen gehen soll, ist ein vielschichtiges Problem. Die Frage impliziert ethische, störungs- und beziehungstheoretische sowie methodische Gesichtspunkte. Die ethische Entscheidung steht in einem Bezug zum Recht des Klienten auf seinen eigenen individuellen Lebensstil. Dennoch sind proaktive und nachgehend-aufsuchende Bemühungen oft insofern gerechtfertigt, als sie wieterreichende Möglichkeiten der Hilfe und Chancen eröffnen, die ein Klient ansonsten gar nicht in Betracht ziehen könnte. Allerdings darf darüber dann eben nicht die explizite Besprechung der möglichen, notwendigen und gewünschten Ziele und Vorgehensweisen, einschließlich der damit verbundenen Verpflichtungen seitens der Helfer und der Klienten, vernachlässigt werden.

4.2 Verlaufskontrolle, Evaluation und Qualitätssicherung

Evaluation als „Bewertung" bzw. „Beurteilung" des Erfolgs analysiert psycho-soziale Aktivitäten und zieht begründete Schlussfolgerungen über Ziele, Wirkungen, Leistungsfähigkeit und Angemessenheit der Interventionen (Ferenszkiewicz 1988; Attkinson, Hargreaves, Horowitz & Sorensen 1978). Ergebnisse von Evaluationen dienen der Um- oder Neugestaltung der sozialen und materiellen Umwelt und der Verbesserung der Lebensführung der von den Interventionen betroffenen Personen. Eine Evaluation sollte darum valide Informationen bereitstellen über

- Zweck-Mittel-Beziehungen (interventions"technische" Informationen),

- begründete Bewertungen der Nützlichkeit (pragmatische Informationen),

- Rechtfertigungsfähigkeit der Maßnahmen (praktische Informationen) sowie

- der sie bestimmenden Normen und Ziele im Hinblick auf die Veränderung der realen gesellschaftlichen und sozialen Lebenslagen der Betroffenen.

Die Soziale Arbeit und andere in der psycho-sozialen Beratung tätige Professionen sind zunehmend zur qualitativen und quantitativen Evaluation der Fortschritte der Problemlösungen, Zielerreichungen und Veränderungen verpflichtet. Dafür sind die Ergebnisse der Hilfemaßnahmen zu erfassen, zu dokumentieren und zu bewerten. Manchmal kann eine solche Evaluation anhand von objektiven – oder „inter-subjektiv" abgestützten – Kriterien durchgeführt werden, manchmal nur anhand von subjektiven Kriterien. Häufig werden beide Arten mit- bzw. nebeneinander auftreten. Grundsätzlich bewährt sich bei der Evaluation die Erfassung einer sog. „*Baseline*", mit der Indikatoren der zu verändernden Probleme (z.B. Häufigkeit von Problemverhaltensweisen) *vor der Intervention* erfasst werden, so dass es am Ende der Maßnahme möglich wird, ihre tatsächlichen Effekte abzuschätzen. Konkretheit und Spezifität dieser Indikatoren, wenn möglich auch die Zählbarkeit der Veränderung bzw. Zielerreichung anzeigenden Merkmale, sind anzustreben.

Ein Konzept, das zunehmend auch in sozialarbeiterischen Interventionskontexten an Bedeutung gewinnt (Wendt 2005) und in dem die Zielerreichungsanalyse eine wichtige Rolle spielt, ist die *evidenzbasierte Praxis* („*evidence*" = Nachweis bzw. Beweis). Sie stützt sich auf empirisch gesicherte Konzepte und Theorien und umfasst Interventionen, die in kontrollierten empirischen Studien überprüft wurden. In der Sozialen Arbeit beinhaltet evidenzbasierte Praxis Vorgehensweisen, den einzelnen zu behandelnden Klienten / Patienten auf der Basis der besten zur Verfügung stehenden Daten über sozialarbeiterische Praxis zu versorgen. Ein verwandter Begriff ist die evidenzbasierte Gesundheitsversorgung („*Evidence-Based Health Care*"), bei der die Prinzipien der „evidenzbasierten Medizin" auf alle Bereiche der Gesundheitsversorgung, einschließlich Entscheidungen zur Steuerung des Gesundheitssystems, angewandt werden. Evidenzbasiertes Vorgehen lässt sich in folgenden Schritten skizzieren:

(1) Formulierung einer präzisen Frage zum Vorgehen in der Behandlung eines bestimmten Problems bei der psycho-sozialen Fallarbeit (Problem- und Zielanalyse),

(2) Suche nach vorhandenen Antworten auf diese Frage in extern erreichbaren Fach-Wissensbeständen (Fachliteratur, Forschungsergebnissen),

(3) Einschätzung der so erhaltenen Antworten bzw. erreichten Ergebnisse, inwieweit sie für das fragliche Vorgehen valide, verlässlich, nützlich und anwendbar sind,

(4) Beurteilung der spezifischen Situation des jeweiligen Klienten unter Einbeziehung der erweiterten Fachkenntnisse, Auswahl der Interventionsmethoden und Formulierung eines Interventionsplans, der sich nach geprüftem Wissensstand und nach aller Erfahrung (*best evidence*) im gegebenen Einzelfall als angemessen empfiehlt,

(5) Evaluation der Ergebnisse individueller Problembehandlung (Zielerreichungsanalyse).

Im Rahmen von Qualitätskontrolle und Qualitätssicherung kann die ZEA als regelmäßig eingesetztes Evaluationsinstrument somit in verschiedenen Zusammenhängen (z.B. im Rahmen einer Beratungsstelle oder einer stationären Einrichtung) wertvolle Informationen liefern, nicht zuletzt, wenn sie mit einer entsprechenden *Basisdokumentation* verknüpft wird.

4.3 Interventions- und Wirkungsforschung

Interventionsforschung, insbesondere die Wirkungsforschung in der Psychotherapie, der Beratung sowie der Soziotherapie benötigt Informationen, wie sie Zielerreichungsanalysen bereitstellen. So sind Veränderungswerte, die über Zielerreichungsanalysen gewonnen wurden, auch in die meta-analytischen Therapiestudien von Grawe und Mitarbeitern eingegangen (Grawe, Donati & Bernauer, 1994). Diese Daten konnten so ebenfalls zu den bedeutenden Wirkungsnachweisen von psychotherapeutischen Gruppenstudien beitragen.

Von besonderer Bedeutung ist die Zielerreichungsanalyse in der Einzelfall-*forschung*, die für die Fundierung klinischer Praxis von grundlegender Bedeutung ist. Der Einzelfall stellt die kleinste elementare Forschungseinheit dar. Die *Einzelfallanalyse* in Form von *single-subject designs* ist ein planvolles Verfahren, bei dem durch systematische Variation der unabhängigen Variable (einer bestimmten Intervention), unter Konstanthaltung bzw. Kontrolle anderer Bedingungen, die Veränderungen der abhängigen Variable (z.B. Veränderungen im Verhalten oder in den sozialen Beziehungen) im zeitlichen Verlauf über mehrere Messzeitpunkte erfasst werden (vgl. Fichter 1989, 61). Gegenstand der Untersuchung ist eine einzelne Einheit, in der Regel ein Individuum; aber es kann auch ein Paar, eine Familie, eine Gruppe, eine Gemeinde oder eine Organisation sein.

Das konkrete Vorgehen kann auf unterschiedlichen Versuchsplänen aufbauen. Beispielsweise wird in dem sog. *A-B-Design* (vgl. Kazdin, 1994) zunächst das Verhalten des Klienten möglichst mehrmals vor der Intervention (Baseline) und später kontinuierlich über die Periode der Intervention hinweg erfasst und dokumentiert. Dies kann durch Beobachtung, verschiedene Testverfahren, Selbstberichte des Klienten oder Berichte von Bezugspersonen geschehen. Die Datenerhebung wird zu Beginn und dann im Verlauf der Maßnahme mehrfach durchgeführt – je nach Setting u.U. sogar täglich oder mehrmals pro Woche. Das regelmäßige Erfassen dieser Daten erlaubt, das Muster und die Stabilität des Verhaltens (z.B. die Frequenz oder das Ausmaß bestimmter sozialer Aktivitäten, des Substanzgebrauchs oder von Angstsymptomen) vor der Intervention (A) und sodann im Verlauf der Intervention zu untersuchen (B).

- Die anfängliche Baseline-Phase (A), enthält Informationen über das Ausmaß des zu verändernden Klientenverhaltens bzw. über Indikatoren der Klientensituation vor der Intervention. Die Baseline dient dazu, die bestehende Ausprägung des Problemverhaltens zu beschreiben und für die unmittelbare Zukunft vorauszusagen.

- Als nächstes wird die Intervention eingeführt und als Phase oder Periode (B), in der andere Bedingungen als während der Baseline wirken, im Datenmaterial ausgewiesen. So können die Ausprägungen des Verhaltens nach Einführung der Intervention im Vergleich mit dem Baseline-Verhalten ausgewertet werden.

- Nach Beendigung der Interventionsphase kann das Verhalten nochmals im Hinblick auf die Stabilisierung der Veränderungen erfasst werden.

Die grundlegenden Schritte der Anwendung eines Einzelfalldesigns bedürfen in der Praxis vorausschauender Planung, da die oft sehr spezielle Beziehung zwischen psycho-sozialer Fachkraft und Klient die Messprozeduren verkomplizieren kann. Es sollten folgende Regeln beachtet werden:

(1) *Definiere* auf der Basis gemeinsamen Aushandelns mit dem Klienten möglichst genau die zu verändernden *Zielverhaltensweisen* (*target behaviours*; die abhängigen Variablen).

(2) *Operationalisiere,* d.h. entscheide, *wie* diese Zielverhaltensweisen genau *erfasst* (gemessen) werden; lege Häufigkeit, Dauer, Umfang bzw. Intensität fest. Dabei kann die Datenquelle variieren: Selbstberichte, direkte Verhaltensbeobachtungen, Interviews etc.. Lege fest, *wer* die Erfassung / Messung / Beobachtung durchführt (Klient, Fachkraft, Familienmitglied oder mehrere). Versuche dabei eine möglichst weitreichende *Objektivität* der Messung zu erreichen. Beachte auch, dass potenziell *beobachtbare Indikatoren* des Problems positiv oder negativ definiert werden können. Die Messungen oder Beobachtungen sollten zuverlässig und valide sein. Beachte eine mögliche *Reaktivität* der Beobachtung oder Messung. (Der Prozess der Messung selbst kann die Daten beeinflussen, z. B. im Sinne der sozialen Erwünschtheit, wenn der Klient versucht, der Fachkraft zu gefallen und deshalb die zu erfassenden Verhaltensweisen verändert, z.B. negativ bewertete Verhaltensweisen negiert.)

(3) *Wähle die Intervention* (die unabhängige Variable), gestalte sie aus (Art, Akteur, Timing) und operationalisiere sie.

(4) *Führe die Baseline-Phase durch.* Sichere bzw. erhöhe die interne Validität, indem dafür mehrere bzw. eine genügende Anzahl Messpunkte vorgesehen werden (z.B. zur Häufigkeit der Problemverhaltensweisen). So kann ein stabiler Trend des in Frage stehenden Verhaltens erfasst werden, der dann die Basis für den Vergleich der Werte vor und nach der Intervention bildet.

(5) Nutze bei der *Datenanalyse* verschiedene Möglichkeiten: prüfe zunächst (nur) die *graphischen Verlaufsmuster* und stelle visuelle Auffälligkeiten nach Augenschein fest, z.B. einen deutlichen Ausschlag der Kurve. Wende – wenn möglich – geeignete statistische Verfahren an und prüfe die Wahrscheinlichkeit, dass die Unterschiede in den Daten vor und nach der Intervention nicht zufällig aufgetreten sind (d.h. *statistisch signifikant sind*). Wichtig ist auch die *klinische oder praktische Signifikanz*: stellt die beobachtete Veränderung im Zielverhalten auch wirklich eine substanzielle Veränderung des Klienten bzw. seiner Lebenssituation dar?

(6) Sichere bzw. verbessere die *externe Validität* des single-subject designs durch die Wiederholung (Replikation) von Ergebnissen und mittels der Aggregierung von Einzelfällen. Nutze dieses Design außerdem dafür, spezielle und außergewöhnliche Fälle zu untersuchen, die nicht für Gruppenvergleiche geeignet sind. Auf diese Weise können auch vielversprechende, neue Interventionen untersucht werden, bevor man z.B. experimentelle Gruppenstudien durchführt.

Insbesondere die Evaluation der laufenden Intervention oder das Feedback für Fachkraft und Klienten bezüglich der erzielten Fortschritte gehören zu den wichtigsten Optionen des single-subject designs. Leider ist in Deutschland festzustellen, dass das Einzelfalldesign bislang in der Sozialen Arbeit wenig verwendet wird – im Gegensatz zu den USA, wo das single-subject design in der psycho-sozialen Fallarbeit des *clinical social work* eine Standardmethode ist.

Das *Multiple-Baseline-Design* (vgl. Kazdin, 1994) hat wichtige Entsprechungen mit der Zielerreichungsanalyse in ihrer mehrdimensionalen Form, d.h. mit mehreren Zielbereichen. In seiner klassischen Form, bei der Therapie-Evaluation, werden im Multiple-Baseline-Design *mehrere Zielverhaltensweisen* (z.B. Problemverhaltensweisen) bestimmt, die Gegenstand spezifischer, meist zeitversetzter Interventionen sind. Das Multiple-Baseline-Design sieht regelmässige Messungen aller zielrelevanten Indikatoren vor (z.B. Verhaltenshäufigkeiten im Zielbereich-1, Erlebensintensitäten im Zielbereich-2, externes Unterstützungsverhalten im Zielbereich-3). Dabei gilt es zu zeigen, dass spezifische Interventionen, die eine nach der anderen realisiert werden, die Zielvariablen zeitversetzt beeinflussen.

Beispiel: Bei einer Person mit schweren Schlafstörungen wird nach der Baseline-Phase mit 3 nacheinander eingeführten Behandlungselementen der Problembereich „Einschlafen" erfasst und bearbeitet.

Zielbereich 1 Stimuluskontrolle: Eine erste Intervention kann auf möglichst zeitgerechtes, regelmässiges Zu-Bett-Gehen gerichtet sein; das Bett wird von ablenkenden Gegenständen befreit, z.B. Lektüre, Süssigkeiten, Zeitschriften. Diese Interventionen zielen auf klarere Strukturen beim Einschlafen und sollen das Einschlafen begünstigen (Stimulus-Steuerung).

Zielbereich 2 betrifft den körperlichen Ruhe- bzw. Entspannungszustand, der dem Einschlafen nach Möglichkeit vorausgehen sollte: Die Interventionen umfassen Entspannungsübungen mit progressiver Muskelrelaxation, um körperliche Entspannung und Ruhe vorzubereiten und eine gewisse "Bettschwere" zu erzielen (z.B. gemessen mit einer subjektiven Skala des Spannungs-Entspannungszustandes von 1 bis 10).

Zielbereich 3 umfasst negative, störende Emotionen, Kognitionen, Ruminationen und kognitiv-affektive Elemente eines Teufelskreises, die das Einschlafen und Wiedereinschlafen behindern können. Alle drei Bereiche werden bei der Zielbestimmung explizit mit berücksichtigt und von Anfang an mit erfasst (Baseline).

Im Multiple-Baseline-Design werden die Interventionen sodann in mehreren Etappen zeitversetzt, betreffend die drei Zielbereiche des Klienten, realisiert: nach der Baseline-Phase ohne Intervention zunächst die Strukturbedingungen des Einschlafens (Bereich 1); dann, nachdem ein relativ störungsfreier Kontext des Zubettgehens und eine gewisse Normalisierung des Einschlafens erreicht wurden (unter einer halben Stunde Wachliegen) z.B. nach zwei Wochen, wird mit dem Entspannungstraining, der Phase 2, begonnen. Nach erfolgreicher Integration der Entspannung in die Schlafvorbereitung, bspw. nach vier Wochen werden mit kognitiven Techniken (Analyse automatischer Gedanken und Restrukturierung) oder emotionsfokussierenden Methoden (z.B. Klientenzentrierte Gesprächsführung) die störenden Gefühle, Gedanken und Ruminationen bearbeitet und modifiziert. Die Erfassung der Verhaltens- bzw. Symptomausprägungen sollte zeitversetzt die spezifischen Wirkungen der drei Interventionen aufzeigen. Darüber hinaus können die Veränderungen in den weiteren Messungen der Zielerreichung weiterverfolgt werden. Durch Protokollierung der Indikatoren und ihrer Veränderungen zum Beispiel täglich, morgens nach dem Aufwachen, werden Verlaufsdaten für die drei Zielbereiche generiert, die dann mit den ZEA-Veränderungen in Verbindung gebracht bzw. dabei auch eingehen können.

Vorgegebene standardisierte Ziele in der ZEA

In der Einzelfall- und Wirkungsforschung ist es auch möglich, *vorgegebene standardisierte Ziele* zur Einschätzung der Zielerreichung im Interventionsverlauf zu verwenden. Sie werden in der Vorbereitungsphase mit dem Klienten genau besprochen; die Operationalisierung der Zielerreichung ggf. an die spezifische Situation des Klienten angepasst. Wie bei der individuellen Vorgehensweise, die hier im Vordergrund steht (siehe die Kapitel 6 und 7), werden die Ziele dann vom Klienten, zusammen mit der Fachkraft zu Beginn und im Zuge der Behandlung auf ihre Erreichung hin beurteilt.

Auf diese Weise wird dank direkt vergleichbarer Zielbereiche und –Kriterien ein für verschiedene Klienten vereinheitliches Vorgehen möglich. Es eignet sich besonders für die Aggregierung von Einzelfällen zur Wirkungsbeurteilung von (standardisierten) psycho-sozialen Interventionen oder Interventionsprogrammen und ist auch für die Qualitätssicherung von Bedeutung. Standardisierte Ziele können im Übrigen auch mit individuellen Zielen *kombiniert* werden.

5. Zielbereiche und Arten von Zielen

Jedes Ziel sollte auf den Klienten bezogen und relevant sein, es sollte auf konkrete Situationen, Verhaltens- und Erlebensweisen gerichtet sein, es sollte durch Kriterien seiner Erreichung (möglichst qualitativ und quantitativ) beschrieben sein und schließlich handlungsleitende Funktion haben können.

Psycho-soziale Fallarbeit, Beratung und Psychotherapie haben es mit einem breiten Spektrum an Problemtypen und damit auch potenziellen Zielsetzungen. Die zu erarbeitenden Zielsetzungen können sich beziehen auf:

- Problem- bzw. Defizitziele,

- Ressourcenziele,

- Individualziele,

- Umgebungs- bzw. Beziehungs- und Netzwerkziele.

Abbildung-1: Koordinaten psycho-sozialer Behandlung (nach Pauls, 2011)

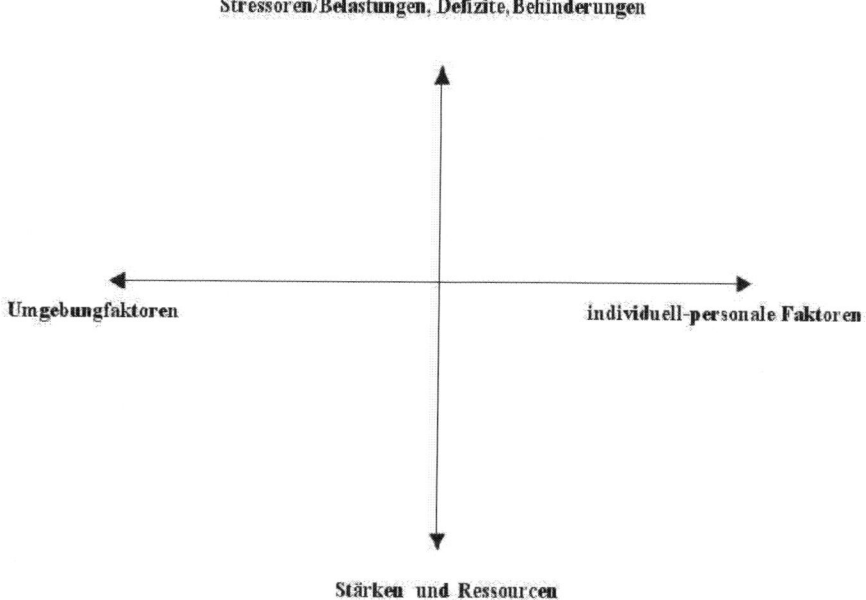

Pauls & Reicherts – Zielerreichungsanalyse – 2. Aufl. 2012 – Copyright ZKS-Verlag

Dabei stehen sich Defizit- und Ressourcenziele gegenüber, ebenso Individualziele den umgebungsbezogenen Zielen (vgl. Schema; Pauls, 2004, 215 f.). Beispielsweise ist es für einen alkoholgefährdeten Langzeitarbeitslosen im Rahmen einer beruflichen Rehabilitationsmaßnahme wichtig, personbezogene Beratungsgespräche zu erhalten und aktive Unterstützung bei der Vermittlung einer Praktikumsstelle bzw. eines neuen Arbeitsplatzes einschließlich Qualifizierungshilfe anzunehmen. Dies wird insbesondere bei der Entwicklung konkreter Handlungsschritte und Unterziele zentral.

Ressourcenziele betreffen (weiter) zu entwickelnde Ressourcen der Person, wie ihre Handlungsmöglichkeiten, ihr soziales Netzwerk, etc..

Wie die Untersuchung von Lutz, Keller, Fegert, Bartelworth und Stiller (2006) zeigt, können in Abhebung von Defizit- und Problemzielen auch *Kompetenzziele* formuliert werden, die derartige (weiter) zu entwickelnde Fähigkeiten beschreiben. In ihrer umfangreichen Studie zur Arbeit mit Jugendlichen (N=547) haben die Autoren über Expertenbefragungen acht Kompetenzziele bzw. Zielbereiche ermittelt, die den Jugendlichen vorgegeben wurden und hinsichtlich der Zielerreichung bewertet wurden: Autonomie, Integration in Peer-Gruppe, Kommunikationsfähigkeit, Konfliktfähigkeit, Kritikfähigkeit, Sich-an-Regeln-halten, Verhalten in der Schule und Zukunftsperspektive. Diese standardisierten Ziele konnten durch individuelle Zielsetzungen ergänzt werden. Eine nachträgliche Gruppierung dieser persönlichen Zielvereinbarungen ergab weitere 19 Zielbereiche, wie z.B. Stressmanagement, Gesundheitsverhalten, Körperhygiene, Herkunftsfamilienbeziehung, Konzentrationsfähigkeit, Suchtmittelgebrauch, Sprache u.a.m.. Die gemeinsame Formulierung von Ressourcenzielen durch Fachpersonen und Jugendliche erwies sich dabei generell als eher schwierig. Differenzierte Ziele im Ressourcen-Bereich Sozialer Unterstützung schlagen Richman, Rosenfeld und Hardy (1993) vor.

Insgesamt gesehen lassen sich auf inhaltlicher Ebene eine ganze Reihe *positiv bestimmter Zielbereiche* aufführen: Entlastung, Förderung der Orientierungs-, Entscheidungs- und Handlungsfähigkeit, Förderung der Beziehungsfähigkeit, Förderung der Selbständigkeit, Nutzung sozialer Unterstützung, Einbindung in soziale Strukturen; Verbesserung von Basiskompetenzen im Alltagsleben, aber auch Verbesserung der „*compliance*" (Selbstverpflichtung und Mitwirkung) im Änderungsprozess.

6. Durchführung der ZEA

6.1 Kontrakt

Die ZEA kann nur gut funktionieren, wenn sie in einen fachlich angemessenen Prozess der interventionsorientierten Diagnostik und Kontrakterarbeitung mit dem Klienten eingebettet wird (siehe auch Cournoyer, 1996, 247 ff.). Im Rahmen der gemeinsamen Entwicklung eines Arbeitskontraktes erfolgt die Spezifizierung der einzelnen Problemstellungen für die Veränderungsarbeit. Dies erfordert sowohl die Reflexion aus der Sicht des Klienten als auch die Formulierung der Problematik aus der Sicht der Fachkraft. Erst dann kann die Erarbeitung von operationalen Zielen als Basis für einen Arbeits-, Interventions-, Hilfe- bzw. Behandlungsplan, die Festlegung von Handlungsschritten erfolgen.

Die Reflexion von Problemen aus der Sicht der Klienten ist eine Basisfertigkeit der Gesprächsführung. Kommuniziert wird, dass man ihn/sie und sein/ihr Anliegen ernst nimmt und versteht. Es ist somit eine Form des aktiven Zuhörens. Neben der Zielauffasung des Klienten ist es sinnvoll, oft notwendig, dass die Fachkraft auch eine externe Sichtweise auf das Problem- oder Zielbestimmung ermöglicht und auch Probleme identifiziert, die der Klient selbst nicht formuliert. Manchmal ist es in klinisch-sozialarbeiterischen Arbeitsfeldern - insbesondere in psychiatrischen Kontexten – entscheidend, dass sie sogar eine primäre Verantwortung für die Problem- und Zieldefinition übernimmt, z.B. wenn es sich um eine lebensbedrohliche Situation handelt (bei Suizidalität, psychotischen Anzeichen, schwerer Intoxikation) oder bei mangelnder Motivation oder Compliance von Klienten (z.B. bei „Zwangskontexten" wie gerichtlichen Auflagen, Konfrontation mit Kindesmissbrauch). Aber auch wenn die Situation weder lebensbedrohlich noch unfreiwillig ist, ist es wichtig, eine Sicht der Problematik zu formulieren, die auch in der professionellen Kenntnis von möglichen Zusammenhängen und Bedingungen gründet. Ist beispielsweise ein Klient häufig müde, hat er Schwierigkeiten ein- oder auch durchzuschlafen, leidet er unter Appetitverlust, verliert er das Interesse an eigentlich erfreulichen Aktivitäten und reduziert er sein soziales Engagement, sollte die klinische Fachkraft spezifische Klärungsfragen einbringen (bspw. ob der Klient einen Verlust betrauert, ob körperlich krank ist oder möglicherweise klinisch depressiv). Ein mögliches Frageformat könnte sein: „Als wir über Sie und Ihre Situation gesprochen haben, habe ich mich gefragt, ob evtl. ... . Was denken Sie? Ist das ein Problem, dass wir ebenfalls beachten sollten?"

Die Spezifizierung der Probleme für die Veränderungsarbeit erfolgt so in Form einer „ausgehandelten Übereinkunft". Die spezifizierten Probleme werden aus den Problemangaben des Klienten und denjenigen der Fachkraft entwickelt, bzw. einem Kompromiss aus beiden. Sie bilden Grundlage und Leitfaden für die folgende präzise Zielbestimmung im Rahmen unseres Verfahrens. Zur Vorbereitung dieses Schrittes sollten die spezifischen Problembereiche klar und konkret formuliert werden. Denn hierauf beruht letztlich der Kontrakt über den primären Fokus der gemeinsamen Bemühungen. Das Format könnte sein: „Ich denke wir stimmen jetzt überein über die Probleme, die wir in unserer Zusammenarbeit angehen wollen. Wir wollen sie uns nochmals anschauen, und ich werde sie aufschreiben, so dass wir auch später darauf zurückkommen können."

6.2 Entwicklung von Interventionszielen

Ziele sollten grundsätzlich in Form von Fertigkeiten oder Fähigkeiten formuliert und in klaren und spezifischen Begriffen definiert werden; z.B. ist „Nicht mehr zu dick sein" als Zieldefinition kaum brauchbar, auch „Abnehmen" ist eine zu vage Beschreibung. „Ein Gewicht von 70 Kilogramm erreichen und dieses Gewicht über sechs Monate hinweg aufrechterhalten" hingegen ist eine Zieldefinition, die zugleich klar, spezifisch und überprüfbar ist. Dabei ist entscheidend, dass Kriterien für Erfolg und Misserfolg sowohl von der Fachkraft als auch vom Klienten verstanden werden. „Sich besser fühlen" ist in dieser Hinsicht ebenfalls zu wenig klar; „Sich besser fühlen im Sinne von: mindestens sieben Stunden pro Nacht durchschlafen an mindestens fünf Nächten pro Woche" hingegen ergibt eine operationale Zielbeschreibung.

Das konkrete Vorgehen bei der Zielformulierung lässt sich in drei Teilschritte unterteilen (vgl. auch Cournoyer, 1996):

(1) Ermutigung zur Zielformulierung, z.B. „In genauen Begriffen: wie, wodurch oder woran werden Sie erkennen, wenn das Problem ... wirklich gelöst ist?".

(2) Reflexion eines Zieles, z.B. „In Ihrer Sicht ist ein Ziel unserer Arbeit... ."

(3) Mitteilen der eigenen Sichtweise des Zieles, z.B. „Ich frage mich, ob es für Sie Sinn machen würde, auch ... als ein Ziel unserer Arbeit zu bezeichnen?".

Die folgenden Arbeitsschritte werden möglichst direkt unter Bezugnahme auf den Erhebungsbogen (im Anhang) durchgeführt.

Schritt 1: Auflistung der relevanten Problembereiche
Zunächst wird eine *Liste der wichtigsten Problembereiche* (Beschwerden, Sorgen) erstellt, die durch die Behandlung verändert werden sollen. Dabei kann auf Ergebnisse der Eingangsdiagnostik, aus Anamnese, Exploration oder Problemanalyse zurückgegriffen. werden. Aus Gründen der Überschaubarkeit empfiehlt es sich, *nicht mehr als fünf* Probleme auszuwählen. Doch sollten es *mindestens zwei* sein, damit mögliche differentielle Veränderungen sichtbar werden können. Die Fachkraft achtet darauf, dass die benannten Probleme für die Problematik des Klienten repräsentativ sind und verschiedene Facetten wiedergeben. Die ausgewählten Probleme erhalten eine griffige Bezeichnung (z.B. „Selbstabwertung").

Die Auswahl orientiert sich an den Bedürfnissen des Klienten und wird gemeinsam mit ihm durchgeführt. Problembereiche und Ziele können aber auch, wie bei Kindern oder bei Menschen mit geistiger Behinderung, vom Behandler oder anderen Personen bestimmt werden.

Schritt 2, Bestimmung des Zielzustandes durch Indikatoren
Für jeden Problembereich wird ein Zielzustand bestimmt, in dem die Verminderung, Überwindung oder Lösung des Problems zum Ausdruck kommt (z.B. „Sich selbst akzeptieren können"). Hierfür werden *Indikatoren der Zielerreichung* gesucht und festgelegt. Sie sollten präzise formuliert sein und möglichst objektiv beschrieben werden, so dass sie jederzeit von dem Klienten (und soweit möglich von einem Beobachter) beurteilt werden können. Indikatoren sind konkrete Erlebens- oder Verhaltensweisen in konkreten Situationen (z.B. Angst oder Vermeidungsverhalten gegenüber bestimmten Personen). Sie werden durch ihre Häufigkeit und/oder Intensität präzisiert und ergeben die Kriterien der Zielerreichung.

Der *(realistische) optimale Zielzustand* ist in hohem Maße erwünscht und kann – nach fachlichen Erfahrungswerten – unter günstigen Bedingungen bei dem betreffenden Klienten erwartet werden. Bei Ermittlung dieses optimalen Zielzustands sollte beachtet werden, dass manche Klienten zu einem überhöhten oder zu niedrigen Anspruchsniveau neigen. In diesem Falle muss die Durchführungsstrategie der ZEA modifiziert werden; ggf. kann sogar die realistische *Veränderung des Anspruchsniveaus* eines Klienten / Patienten selbst zu einem Teilziel werden.

- Für die konkrete Durchführung bedeutet dies, dass zunächst der Klient aufgefordert wird, seine Vorstellung von dem optimalen Zielzustand zu schildern.

- Die Fachkraft kann vorschlagen, diese Vorgabe „nach oben" oder „nach unten" zu korrigieren.

- Wenn Klient und Fachkraft schließlich übereinstimmen, wird der optimale Zielzustand anhand der Indikatoren und Kriterien der Zielerreichung endgültig festgelegt und im Erhebungsbogen eingetragen.

Der optimale Zielzustand kann sowohl durch *Negativ-Kriterien* (z.B. Verminderung eines Symptoms, in einem zu bestimmenden Ausmass) als auch durch *Positiv-Kriterien* (z.B. Aufbau einer Fähigkeit, in einem zu bestimmenden Ausmass) beschrieben werden. Bei den auf die Person selbst bezogenen Zielen sind die Zielkategorien des Erlebens (z.B. zur Emotionsverarbeitung, siehe weiter oben), des Verhaltens (siehe Beispiele im Kapitel Einzelfalldesign), oder des Entscheidens zu unterscheiden.

Schritt 3: Beschreibung und schriftliche Dokumentation des gegenwärtigen Zustandes bzw. der gegenwärtigen Situation
Anschließend wird der gegenwärtige Zustand (zu Beginn der Intervention) anhand der gleichen Indikatoren genau beschrieben und im Erhebungsbogen eingetragen. Der gegenwärtige und der optimale Zustand bilden die Ankerpunkte der Skala, mit der die Zielerreichung bewertet wird (siehe unten). Dabei sollte nicht nur die Soll-Ist-Diskrepanz gut deutlich werden, sondern auch die Tatsache, dass zwischen dem gegenwärtigen Zustand und dem optimalen Zielzustand *Abstufungen der Zielerreichung* liegen.

6.3 Gewichtung und Bedeutung der Ziele

Die ausgearbeiteten Ziele werden anschließend nach ihrer subjektiven Bedeutung für den Klienten gewichtet. Die Gewichtung dient dazu, Fortschritte nicht nur in ihrem Ausmaß (durch ihre Annäherung an die Ziele, sondern auch in ihrer Relevanz zu Interventionsbeginn) sichtbar zu machen. Dafür stehen 100 Gewichtpunkte („Gewichtprozente") zur Verfügung, die gemäß der Bedeutung der Ziele verteilt werden. Sie werden im Erhebungsbogen eingetragen.

Beispiel: Geht es um zwei Ziele, die gleichermaßen bedeutsam sind, erhält jedes 50 Prozentpunkte. Dominiert eines der Ziele deutlich, wird es z.B. mit 70 und das andere mit 30 Prozentpunkten gewichtet (oder 67=2/3 gegenüber 33=1/3 usf.)

6.4 Bewertung der Zielerreichung

Wenn die Ziele konkretisiert, gewichtet und im Erhebungsbogen (siehe Anhang) dokumentiert sind, geht es um die weitere Aktivierung des Klienten. Dazu müssen Fachkraft und Klient besprechen, wer in die diagnostische Erfassung und Intervention einbezogen wird und wer oder was Ansatzpunkte für die Veränderung sein sollen. Dabei ist zu differenzieren zwischen den Aufgaben des Klienten und ggf. weiterer einbezogener Personen und den Aufgaben der Fachkraft. *Klientenaufgaben* sind Aktivitäten bzw. Handlungsschritte, die Klienten innerhalb der Beratungsgespräche, vor allem aber zwischen den Treffen bzw. Sitzungen im Alltag ausführen sollen. *Berateraufgaben* umfassen Handlungen und Aktivitäten der Fachkraft während der Sitzungen und auch in den Intervallen dazwischen.

Zur Identifizierung von Ansatzpunkten für konkrete Handlungsschritte schlägt Cournoyer (1996, 271) zum Beispiel folgende Frageformate vor: „Was wird ein Anzeichen dafür sein, dass Sie einen ersten Schritt in Richtung der Zielerreichung in Bezug auf dieses Ziel gemacht haben?" Dabei wird der Fokus der Aufmerksamkeit des Klienten zunächst auf die nahe Zukunft gelenkt. Möglich ist auch der Einsatz einer Vorstellungsübung, bei der der Klient eine Situation imaginiert, in er bereits erste Fortschritte gemacht hat und die er dann genauer beschreiben soll. Durch diese Veranschaulichung ergeben sich oft wertvolle Hinweise auf spezifische Handlungsschritte, die auf dem Weg zur Zielerreichung zu durchlaufen sind. Ein mögliche Formulierungsvariante zur Vorbereitung eines solchen Arbeitsschrittes ist: „Der erste (oder der nächste) Schritt, den Sie (oder ich oder wir) tun wollen ist ... . Sie (oder ich oder wir) werden diese Aufgabe bis zum ... (Eintrag des Datums) erfüllen und darüber bei unserer nächsten Sitzung sprechen."

Die konkrete Evaluation der Zielerreichung mit dem vorliegenden Verfahren besteht in einer meist von Klient/Patient und Fachkraft gemeinsam durchgeführten Bewertung des jeweils aktuellen Zustandes im Vergleich zur anfänglichen Situation. Veränderungen werden immer *im Hinblick auf den optimalen Zielzustand* bewertet (in Prozent der Erreichung dieses Zustandes), so wie er anfänglich definiert wurde. Damit wird zugleich beurteilt, was sich *seit Interventionsbeginn (bzw. der ersten Messung!)* und *nicht*, was sich seit der letzten Messung verändert hat. Der Zielerreichungsanalyse liegen demnach Kriterien zugrunde, die über die Zeit konstant bleiben.

Die Zielerreichung wird auf einer Skala von 0% (entsprechend dem Ausgangszustand) bis 100% (entsprechend dem optimalen Zielzustand) bewertet. Mit den Zwischenstufen umfasst die Skala folgende fünf bzw. sechs Stufen:

- 100%   vollständig (optimal) gebessert

- 75%   deutlich (ziemlich) gebessert

- 50%   mittelmäßig (spürbar) gebessert

- 25%   leicht (ein wenig) gebessert

- 0%   unverändert

- (-)   verschlechtert

Zwischenwerte sind zulässig (z.B. 10% oder 33%). Null- und Endpunkt sind durch den Ausgangszustand bzw. den optimalen Zielzustand festgelegt. Meist ist es nützlich, auch die Zwischenstufen durch Kriterien operational zu definieren, insbesondere die Stufe *mittlerer Zielerreichung* („mittelmäßig" bzw. „spürbar" gebessert; siehe hierzu die Beispiele in Tabelle 1).
    Die Bewertungen werden direkt in den Erhebungsbogen eingetragen. Der Skala ist ein Raster mit Zwischenstufen unterlegt. Die erste Bewertung findet im Anschluss an die Entwicklung und Gewichtung der Veränderungsziele statt. Instruktionsgemäß entspricht diese Bewertung dem zuvor definierten Ausgangszustand; d.h. der Klient bewertet die Veränderung mit 0 („keine Besserung").

Verschlechterungen
Bei psycho-sozialen und psychologischen Interventionen kann es – meist vorübergehend – zu Verschlechterungen kommen. Dafür soll jedoch bewusst keine visuelle Skala „nach unten" vorgegeben werden, denn dieser Skalenbereich wird in der Regel selten benötigt und würde so in der graphischen Skala überbetont. Daher empfehlen wir, sich in der *graphischen* Darstellung – unabhängig vom Ausmaß der Verschlechterung – mit der untersten Linie zu begnügen. Es ist jedoch möglich, das relative Ausmaß einer Verschlechterung analog der positiven Skala zu bestimmen und in der Tabelle einzutragen: eine leichte Verschlechterung mit -25%, eine spürbare Verschlech-

terung mit -50%; eine starke Verschlechterung würde mit -75% bewertet und eine extreme gegebenenfalls mit -100%. Diese Werte können dann in die Tabelle eingetragen werden. Diese negativen Zielerreichungswerte werden anschließend mit dem zugehörigen Zielgewicht multipliziert und bei den entsprechenden Veränderungsindikatoren (z.B. dem Gesamtveränderungsindex GVI) abgezogen.

6.5 Anzahl und Zeitabstand der Bewertungen (Messpunkte)

Die Zielerreichungsanalyse sieht *mindestens zwei Bewertungen* vor: Zu Beginn und am Ende der Intervention. Es wird empfohlen, die Erstmessung in der zweiten oder dritten Sitzung, die Endmessung in der vorletzten Sitzung vorzunehmen. Im Extremfall, wie einer Krisenintervention oder einer kurzen Beratung, liegen die beiden Messungen nur wenige Kontakte / Sitzungen auseinander.

Anzahl und Zeitabstände der Messungen hängen von der Art der Intervention und der Anwendungsform der Zielerreichungsanalyse ab. Im Rahmen globaler Entscheidungen zur Interventionsplanung und -evaluation (z.B. zum Übergang von Kurzzeit- zu Langzeit-Interventionen, wie es z.B. bei psychotherapeutischer oder soziotherapeutischer Arbeit gelegentlich der Fall ist) bietet sich eine Messung bspw. Beispiel um die 10. (oder 15. Sitzung) und eine weitere um die 20. (oder 30.) Sitzung an. Wird die Zielerreichungsanalyse als Instrument zur *Prozess- und Verlaufsevaluation* eingesetzt, sollten die Veränderungsziele regelmäßig, z.B. im Wochen- oder Monatsrhythmus, eventuell nach jeder Sitzung bewertet werden. Für adaptive Indikationsentscheidungen und Behandlungsprogramme wird eine Bewertung nach Abschluss eines Behandlungselementes vorgenommen. Eine Bewertung sollte jedoch i.d.R. nicht öfter als einmal pro Woche durchgeführt werden. Für katamnestische Erhebungen bzw. Follow-up-Untersuchungen empfehlen sich die üblichen Katamnesezeiträume von einem, drei, sechs bzw. zwölf Monaten.

Die Ergebnisse eines jeden Bewertungsdurchgangs werden – zumindest kurz – mit dem Klienten besprochen. Eine vertiefende Besprechung kann zu neuen Beratungs- bzw. Behandlungsthemen führen. Auf jeden Fall ist zu klären, ob der Klient mit besonders deutlichen oder besonders geringen Verbesserungsangaben etwas anderes zum Ausdruck bringen möchte.

6.6 Einbeziehung neuer Ziele und Zielgewichte im Verlauf

Bei wiederholter Anwendung der ZEA im Interventionsverlauf ist es möglich, dass Klient oder Fachkraft das Bedürfnis haben, die ursprünglichen Ziele ggf. neu zu definieren oder neu zu gewichten. Im Verlaufe einer Maßnahme können neue Veränderungsziele auftauchen. Sei es aus dem Grund, dass ein Klient vorher nicht in der Lage war, bestimmte Zielbereiche zu beachten und zu reflektieren, sei es, dass sich die Lebenssituation oder die Prognose verändert hat. In diesem Fall sollte das neue Ziel hinzugefügt werden, d.h. in gleicher Weise bestimmt, gewichtet und seine Erreichung im weiteren Verlaufe der Intervention kontrolliert werden.

Eine weitere Komplizierung kann entstehen, wenn sich im Verlaufe der Fallarbeit die Gewichtung eines Zieles deutlich verändert, es also im Verhältnis zu anderen Zielen nun als wesentlich wichtiger – oder unwichtiger – eingeschätzt wird. In diesem Fall sind die Gewichtungen sämtlicher Ziele neu zu bestimmen, da sie ja in der Summe 100% ausmachen.

Solche Veränderungen sind in Betracht zu ziehen, sollten jedoch mit Zurückhaltung umgesetzt werden. Um nämlich die Kontinuität der anfänglichen Zielbestimmung und -Bewertung zu sichern, ist *auf jeden Fall* die *ursprüngliche Zielerreichungsanalyse* mit dem entsprechenden Erhebungsbogen *fortzuführen*. Gegebenenfalls kann ein neuer Erhebungsbogen mit neuen Zieldefinitionen oder Gewichtungen hinzugefügt werden. Die beiden Erhebungsbögen wären dann in der Folge parallel weiter zu bearbeiten.

7. Auswertung und Interpretation der ZEA

Da die Bewertungen auf der Veränderungsskala direkt in dem Erhebungsbogen (bzw. einer Kopie) eingetragen werden, lassen sich Veränderungen bei einem Ziel unmittelbar ablesen. Werden mehrere Messungen vorgenommen, werden auch die Verläufe sichtbar.

7.1 Evaluation der Veränderungen

Bei jedem Messpunkt kann ein *Veränderungsindex* bestimmt werden, indem der Skalenwert der Zielerreichung mit dem entsprechenden Zielgewicht multipliziert wird. Dieser Veränderungsindex gibt *gewichtete* Veränderungen an, wodurch z.B. starke Verbesserungen eines weniger wichtigen Zieles und geringe Verbesserungen eines hoch bedeutsamen Zieles gegeneinander relativiert werden. Er wird nach folgender Formel berechnet und im Erhebungsbogen eingetragen:

$$\text{Veränderungsindex VI} = \frac{\text{Veränderung in \%}}{100} \quad x \quad \frac{\text{Zielgewicht in \%}}{100}$$

Beispiel: 50% Verbesserung bei einem Ziel mit 30% Zielgewicht ergibt einen Veränderungsindex VI von 0.15 (0,5 x 0,3 = 0.15).

Die Auswertung wird mit dem Klienten besprochen. Beide, Klient und Fachkraft, nehmen zu den Verbesserungen Stellung, ebenso zu möglichen Verschlechterungen. Generell ist es wichtig, dabei die *Fortschritte* zu betonen, auch bei kleineren Verbesserungen in weniger wichtigen Zielbereichen.

Zum Maßnahmen- bzw. Interventionsende wird die Zielerreichungsanalyse in die Bilanz, die gemeinsam mit dem oder den Klienten gezogen wird, einbezogen.

Will man die (Zwischen-)*Ergebnisse als Feedback* und *Element der weiteren Veränderungsarbeit* mit dem Klienten nutzen, empfiehlt es sich bei Auswertungen im Interventionsverlauf (Zwischenmessungen) „proaktiv" vorzugehen: Hierzu werden nicht nur mögliche *Ursachen* (Therapieeffekte, Veränderungen im Umfeld des Klienten etc.), sondern auch mögliche *Konsequenzen* für die weitere beraterische bzw. unterstützende oder therapeutische Arbeit erkundet. Wichtig ist dabei der Beitrag, den der Klient selbst innerhalb und außerhalb der Beratungssitzungen dazu leisten kann. Dies gilt nicht zuletzt bei Verschlechterungen. Die gemeinsame Interpretation von Stagnationen oder Verschlechterungen im Rahmen der ZEA bietet auch die Möglichkeit, mit dem Klienten zu klären, ob er damit eventuell noch etwas anderes ausdrücken möchte – z.B. auf der Beziehungsebene (Widerstand, Enttäuschung, etc.).

Bei der Interpretation des Veränderungsindex ist die Interventionsdauer (ggf. auch Art oder Intensität der Intervention) zu beachten, die natürlich auch vom Schweregrad der Störung bzw. der Änderungsresistenz abhängt. Daher ist die Interpretation stets auf den individuellen Fall zu beziehen und im Hinblick auf die Interventionen (und die Arbeitsbeziehung) zu betrachten.

7. 2 Globale Veränderungsevaluation

Indem man die Veränderungsindizes der verschiedenen Ziele pro Messpunkt *addiert*, erhält man einen *Gesamt-Veränderungs-Index GVI* (Gesamt-Besserungsrate; *„overall improvement score"* nach Romney). Er drückt Ausmaß und Relevanz der Zielerreichung in den klientenspezifischen Problembereichen zusammenfassend in einem globalen Wert aus. Er kann ebenfalls im Erhebungsbogen eingetragen werden (siehe untere Zeile im Erhebungsbogen). Analog der Veränderungsskala ist ein *Gesamt-Veränderungs-Index* der Verbesserungen am Ende der Intervention in Höhe von

- 0.25 oder kleiner als „gering" zu bezeichnen (nahe 0.0 als „unverändert"),

- im Bereich von 0.25 bis 0.50 als „etwas" oder „akzeptabel",

- zwischen 0.50 und 0.75 als „spürbar", „gut" oder „überdurchschnittlich" und

- über 0.75 als „deutlich" bis „optimal" oder „ausgezeichnet" (nahe 1.0).

Durchführungsvarianten
Bei der ZEA können mehrere Durchführungsvarianten unterschieden werden:

- eine *Klientenversion*, zwecks interventionsbezogener Diagnostik und transparenter kooperativer Evaluation mit der Fachkraft durchgeführt; dies ist der Normalfall, der auch hier im Mittelpunkt steht;

- eine *Expertenversion* zwecks Evaluation zur Qualitätssicherung; hier analysiert nur die Fachkraft bzw. ein externer Experte die Entwicklung des Falles anhand der vorliegenden Informationen;

- und eine *Institutionenversion*, die ggf. anonymisiert wurde und der Aggregation von (Einzel-)Fällen im Hinblick auf eine fallübergreifende Qualitätssicherung dient.

Bewertungen im Beratungs-, Therapie- oder Interventionsverlauf sollten aber nicht nur in quantitativer Weise interpretiert werden. Hier interessiert ebenfalls im Sinne der speziellen, auch qualitativen Veränderungsevaluation, ob es überhaupt zu Verbesserungen kommt und in welchem Bereich, bzw. ob eine bestimmte Interventionsstrategie Erfolg zeigt.

Liegen drei oder mehr Messungen vor, können verschiedene Ziele im Hinblick auf ihre Zielerreichung auch untereinander verglichen werden und z.B. folgende Fragen beantworten helfen: Treten Verbesserungen gleichzeitig und im gleichen Maße auf, oder sind sie zeitversetzt und unterschiedlich ausgeprägt? Welche Veränderung ist vorausgegangen? Haben sich die Veränderungen stabilisiert – und wenn, in welchen Bereichen? Wird die Zielerreichungsanalyse zur Verlaufsuntersuchung eingesetzt, insbesondere im Rahmen einer Einzelfallanalyse mit einem Multiple-Baseline-Design, lassen sich diese Fragen meist relativ direkt beantworten. Wenn nicht, sind diese Aspekte ggf. im Auswertungsgespräch zu klären.

Die Bewertung der Messung zum Ende der Intervention- bzw. Maßnahme kann auch im Hinblick auf differentielle Interventionseffekte untersucht werden. Bei einer Anwendung der Zielerreichungsanalyse als *Evaluationsinstrument* z.B. im Rahmen der Qualitätssicherung, sind Rückkoppelungen für die Praxis vorzusehen. Auf jeden Fall sollte bereits interventionsbegleitend, zumindest aber nach Abschluss der Intervention nach Konsequenzen gesucht werden: Gibt es differentielle Effekte? Zeigen sich spezifische Interventionswirkungen? Ergeben sich daraus Konsequenzen für die Indikationsstellung oder für die Qualitätssicherung?

7.3 Bewertung der Zielerreichung durch Fachkraft oder Dritte

Eine Variante der Durchführung der ZEA folgt den Schritten der Standarddurchführung, doch nimmt die Fachkraft - unabhängig vom Klienten - ebenfalls eine Bewertung der Zielerreichung vor. Sie bezieht sich auf die gleichen

Ziele bzw. angestrebten optimalen Zielzustände des Klienten, die anhand möglichst konkreter und überprüfbarer Kriterien beschrieben wurden. Damit liegt eine zweite Bewertung vor, die auf analoge Weise ausgewertet und interpretiert werden kann. Der Vorteil ist die Möglichkeit eines Vergleichs zwischen den beiden Perspektiven, ein zweites Urteil, das in der klinischen Evaluation ebenfalls von großer Bedeutung ist.

Eine weitere Variante besteht in der Bewertung der Zielerreichung durch einen Dritten, z.B. einen externen klinischen Experten, oder eine Bezugsperson des Klienten (z.B. Lehrer, Eltern, Partner). Zielerreichung und Kriterien können durch Dritte nicht nur beurteilt werden, sondern es ist möglich, mit ihnen ggf. auch den ganzen Prozess der Zielbestimmung durchzuführen, unter Umständen auch unabhängig vom Klienten. Weiterhin können mit der Einbeziehung Dritter weitere Datenquellen einbezogen werden, die sich auf externe Beobachtung (z.B. im Alltagsleben) oder auf klinische Erfahrung gründen können.

8. Beispiele zum Einsatz der ZEA in der psychosozialen Fallarbeit

Nachfolgend stellen wir einige typische Beispiele aus dem Bereich psychosozialer Interventionen Arbeit vor, die die breite Anwendbarkeit der Methode belegen und auch einige praktische Aspekte der Anwendung illustrieren helfen.

8.1 Heilpädagogische Einrichtung

Das Institut für Psycho-Soziale Gesundheit (IPSG) an der Fachhochschule Coburg unterhält eine Heilpädagogisch-Therapeutische Ambulanz (HPTA), die heilpädagogische und klinisch-sozialarbeiterische Maßnahmen für Kinder in einem *umfassenden Behandlungskonzept* (IPSG; Pauls, 2002) anbietet. Seit Beginn der Einrichtung im Jahr 2002 bis Ende 2005 wurden insgesamt 26 Kinder betreut. Ihre Diagnosen beschreiben massive Störungen des Sozialverhaltens, wie oppositionelles und aggressives Verhalten, extremer sozialer Rückzug oder Anpassungsstörungen nach belastenden Lebensereignissen. Das Störungsbild umfasste z.T. deutliche psychische Beeinträchtigungen und Entwicklungsblockaden, mit risikoreicher Lebensführung und in schwieriger, konfliktreicher Familienatmosphäre.

Mit den Kindern arbeiteten als Fachkräfte der Klinischen Sozialarbeit zwei Diplomsozialpädagogen (FH), eine Diplompsychologin (alle mit Zusatzausbildungen in Beratungs- bzw. Therapieverfahren), eine Lehrerin und Praktikanten der Sozialarbeit der Fachhochschule Coburg. Von zwölf der Kinder, die eine länger dauernde Intervention erhalten haben, konnten die Daten einbezogen werden. Neben der ZEA wurde die Gesamtauffälligkeit im Vergleich zu Gleichaltrigen erfasst (Child Behavior Checklist/ 4-18; CBCL; T. M. Achenbach 1991 und Arbeitsgruppe Deutsche Child Behavior Checklist) und eine Bewertung der schulischen Leistungen vorgenommen (Durchschnittsnote, den Schulzeugnissen entnommen). Zu Beginn der Maßnahme wurde zudem die gegebene psychosoziale Belastungssituation (nach DSM-III-R) sowie die Entwicklung des psychosozialen Funktionsniveaus des Kindes (nach ICD-10) bewertet.

Die Child Behavior Checklist/ 4-18; CBCL). Die Ausgangswerte der *Gesamt-auffälligkeit* in der CBCL/4-18 (ein systematisches Inventar von 120 Items von Verhaltensauffälligkeiten, beurteilt durch die Eltern) waren bei allen Kindern klinisch auffällig, d.h. über dem kritischen Wert von T=63. Bei acht der zwölf Kinder lagen die Werte sogar über T=70. Vier der zwölf Kinder wiesen nach Beendigung der Maßnahme einen unauffälligen Wert auf. Nach DSM-III-R zeigt die *Schwere der psychosozialen Belastungsfaktoren* zu Beginn der HPTA bei sechs Kindern eine mittlere bis schwere Belastung in der unmittelbaren Umgebung oder im persönlichen Erleben des Kindes, bei vier Kindern eine leichte Belastung und nur bei einem Kind keinen Belastungsfaktor. Die *Schulleistungen* wurden erfasst über den Mittelwert der Zeugnisnoten in den Kernfächern. Die Ausgangswerte lagen im Mittel bei 3.58. Bei den letzten Noten vor Beendigung der Maßnahme lagen die Werte bei 3.17; sieben der zwölf Kinder haben sich zum Teil deutlich verbessert, bei vier blieben die Leistungen gleich, und nur bei einem Kind haben sie sich verschlechtert. Die Veränderungen der Gruppe sind auch statistisch signifikant.

Das psychosoziale Funktionsniveau nach ICD-10. Die globale Beurteilung der psychischen, sozialen und schulischen Leistungsfähigkeit der Kinder nach ICD-10 *zu Beginn* und *am Ende* der Maßnahme ergab folgendes Bild: bei acht Kindern (73%) zeigte sich eine Verbesserung und nur bei drei Kindern war keine Verbesserung zu beobachten. Die Skalenwerte lagen zu Beginn zwischen drei und fünf, was einer ernsthaften Beeinträchtigung in mindestens drei Bereichen bzw. einer ernsthaften Beeinträchtigung in den meisten Bereichen entspricht. Drei der stärker beeinträchtigten Kinder konnten sich nicht verbessern.

Die Zielerreichungsanalyse (ZEA nach Pauls & Reicherts, 2001). Nach Abschluss der Anamnese und noch während des Aufbaus der therapeutischen bzw. heilpädagogischen Arbeitsbeziehung wurden für jedes Kind individuell therapeutische Prozessziele formuliert, die Grundlage einer kontinuierlichen Bewertung der Zielerreichung im Interventionsprozess waren. Die beobachteten und gewichteten Veränderungen in den einzelnen Zielbereichen ergaben den zum jeweiligen Messzeitpunkt erreichten Gesamtveränderungsindex (GVI). Dieser lag im Mittel bei 0.34, was einer insgesamt *akzeptablen* Gesamtveränderung entspricht. Bei drei Kindern war eine *deutliche* Gesamtveränderung im Sinne der Zielannäherung zu beobachten. Der GVI ist bei weiteren drei Kindern als akzeptabel einzuschätzen, bei sechs Kindern war lediglich eine geringe Zielannäherung zu beobachten. Zu beobachten war ausserdem eine Korrelation des Zuwachses des GVI mit der Verweildauer in der

Heilpädagogisch-Therapeutischen Ambulanz. Angesichts der zum Teil beträchtlichen Beeinträchtigungen der Kinder und der Tatsache, dass drei von ihnen weniger als ein Jahr lang von dem komplexen Interventionsprogramm profitieren konnten, sind die mit der ZEA beobachteten Veränderungen als ausgesprochen konstruktiv zu beurteilen. Die formulierten Ziele haben sich in den allermeisten Fällen als konstruktiv, angemessen und interventionsleitend erwiesen.

8.2 Soziale Arbeit

In einem Jugendamt wurde die ZEA in Verbindung mit einem sog. „Hilfeplanverfahren" eingesetzt. Anna, eine Jugendliche im Alter von 15 Jahren, die wegen massiver Ängste nicht mehr zur Schule ging, wurde mit einer komplexen Diagnose stationär in der Kinder- und Jugendpsychiatrie untergebracht. Die Diagnose ging nach ICD aus von einer emotional instabilen Persönlichkeit, verbunden mit einer Anpassungsstörung mit Ängsten und erhöhter narzisstischer Kränkbarkeit, sowie einer Rechtschreibstörung, bei normaler Intelligenz aber erhöhten psychosozialen Belastungsfaktoren (Trennungsfamilie).

Die Interventionsempfehlung sah eine Unterbringung in einer lerntherapeutischen Einrichtung mit integrierter Beschulung und psychotherapeutischem Angebot auf Realschulniveau, mit Rechtschreibtraining vor. Probewohnen in einer geeigneten Alternativeinrichtung wurde ins Auge gefasst.

In Zusammenarbeit mit der Klientin wurde ihre komplexe Problematik im Rahmen der ZEA (nach Pauls & Reicherts, 2001) auf drei Bereiche konzentriert: Regelmäßiger Schulbesuch, Integration in Internat und dem sozialen Umfeld der Klasse sowie Beginn und regelmäßige Teilnahme an einer Psychotherapie. Die Zielformulierungen für die drei Bereiche, die gleichmäßig gewichtet wurden, zeigt Tabelle-1 (aus Gründen der Darstellung folgt sie hier nicht dem Originalraster der ZEA). Zu Beginn der stationären Maßnahme, sowie nach drei und sechs Monaten sollte die Zielerreichung überprüft werden.

Die *Evaluation* nach drei Monaten zeigte eine deutliche Verbesserung im Zielbereich 1 „Regelmässiger Schulbesuch" (75%), eine leichte Besserung im Bereich 2 „Integration in Internat und Schulklasse" (25%) und eine deutliche Besserung im Bereich „Psychotherapie" (75%) Der GVI beträgt somit

.50 und die Zielerreichung insgesamt ist als „spürbar" bzw. „gut" zu bezeichnen.

Tabelle-1: Operationale Zielformulierungen in den drei Zielbereichen von Anna

	Zielbereich 1 (33%): regelmäßiger Schulbesuch	Zielbereich 2 (33%): Integration in Internat und Schulklasse	Zielbereich 3 (33%): Regelmäßige Teilnahme an einer Psychotherapie
Unverändert 0%	Anna verweigert den Schulbesuch	Anna ist ein Einzelgänger, hat keine Kontakte zu den anderen Mädchen	Anna hat keine Therapie begonnen
Leicht gebessert +25%	Anna geht nur selten zur Schule, weniger als 50%	Anna verhält sich in der Gruppe sehr zurückhaltend	Anna beginnt wiederholt die probatorischen Sitzungen
Spürbar gebessert + 50%	Anna lernt in der Schule, verlässt aber oft die Klasse in die Schulstation, sie erhält teilweise Einzelunterricht	Anna hat begonnen, zu einem Mädchen eine Freundschaftsbeziehung aufzubauen. In der Gruppe verhält sie sich zurückhaltend.	Anna hat eine Therapeutin gefunden und eine Psychotherapie begonnen.
Deutlich gebessert + 75%	Anna nimmt regelmäßig am Unterricht teil und verlässt nur sehr selten (wenige Stunden pro Woche) die Klasse.	Anna hat zu drei Mädchen Beziehungen aufgebaut und vertritt ihre Meinung auch in der Gruppe.	Anna geht regelmäßig zur Psychotherapie und beginnt, sich vorsichtig auf die Therapeutin einzulassen.
Vollständig (optimal) gebessert + 100%	Anna nimmt regelmäßig am Unterricht teil und verbessert durch den Nachhilfeunterricht in Deutsch ihre Rechtschreibung.	Anna hat Kontakte zu praktisch allen Mädchen und nimmt aktiv an den gemeinsamen Abendaktivitäten teil. Sie vertritt ihre Meinung konstruktiv.	Anna bearbeitet regelmäßig die Alltagsprobleme in der Therapie; sie bittet die Therapeutin in Konflikten um Unterstützung und kann das Erlernte auch konstruktiv umsetzen.

Nach sechs Monaten waren im Bereich 1 Schwierigkeiten aufgetreten, da Anna wegen Ängsten nicht mehr den Klassenraum betreten konnte; sie löste aber regelmäßig Aufgaben, die ihr zum Ausgleich gestellt wurden. Die Zielerreichung lag so bei einer – im Vergleich zur Ausgangssituation – nur leichten Besserung (25%). Im Bereich 2 war die Integration in die Klasse etwas ausgeprägter. Da Anna aber versuchte, zu einem Mädchen eine nicht erwiderte Freundschaftsbeziehung aufzubauen, kam es zu kritischen Situationen, auch in der Klasse; zudem begann sie mit erhöhtem Alkoholkonsum. Die Fallmanagerin bewertete diese Veränderung mit 0%, während Anna sich 25% zubilligte. Im Bereich 3 hatte A. inzwischen eine sehr gute Arbeitsbeziehung und regelmäßige therapeutische Sitzungen etablieren können, so dass sie nun, trotz einer deutlicher sichtbar werdenden Borderline-Problematik, eine deutliche Verbesserung (75%) erzielte. Insgesamt lag der GVI nun bei .33 (nach Einschätzung der Fallmanagerin) und bei .41 nach Einschätzung der Klientin.

Trotz des teils problematischen Verlaufes bildete die ZEA – auch nach Einschätzung der Fachkraft – eine sehr wichtige Arbeitsgrundlage für das Fallmanagement. Sie erlaubte ein differenziertes Angehen des Veränderungsprozesses, anzustrebender Zielbereiche und das Sichtbarmachen eines differentiellen Änderungsverlaufs, gekennzeichnet durch Fortschritte, doch auch durch Krisen und „Rückschläge", die man spezifisch in den Zielbereichen abbilden kann.

8.3 Kinderschutz

In der Arbeit mit einer gewaltgefährdeten 16jährigen Jugendlichen wurden folgende Ziele definiert: „Fremdunterbringung", „Nicht mehr nach Hause müssen", „Alleine leben" und „Ruhe haben". Die Bewertung der Zielerreichung ergab eine gelungene Fremdunterbringung (Hauptziel wurde erreicht). Da der Beratungsprozess weiter lief, bildete der Zielbereich „Alleine leben" Chance und Herausforderung zur wieteren konkreten partizipativen Zielentwicklung, wie Vorschläge im Hinblick auf folgende Fragen zu entwickeln: Was bedeutet alleine leben? Wie will sie alleine leben? Wäre es sinnvoll, einen neuen, unabhängigeren Blick auf die eigenen Familie / die eigene Mutter zu werfen (z.B. durch den Einsatz eines Genogramms)? Was wäre ein Ansatzpunkt zur Entwicklung von „Selbständigkeitszielen" und zur Vermeidung von Wiederholungen. Die Fallunterlagen wurden einer anderen Fachkollegin neu analysiert, um zu einer gemeinsamen Zielanalyse mit der Klientin zu gelangen, die über die aktuelle Begleitung hinausging.

Eine andere 16jährige Klientin wies eine durch „Haltlosigkeit" und Dissozialität gekennzeichnete Familiengeschichte auf. Aktuell ging es um die Verweigerung des Schulbesuches und sexuelle Gefährdung (Frage des sexuellen Missbrauches durch ältere Männer seit dem zehnten Lebensjahr), bei vorliegender Lernbehinderung und Intelligenzminderung. Die Zielbestimmung wurde als *Verhandlungsprozess* angelegt („was kriege ich, wenn ..."). Bei der Zielerarbeitung wurden hoch erwünschte Ziele der Klientin (betreutes Wohnen und Zusammensein mit dem Freund) *gekoppelt* mit weniger erwünschten, derzeit aversiven Zielen (regelmäßiger Schulbesuch). Es wurden *Auflagen* definiert, verknüpft mit der sanktionierenden Konsequenz einer –

für sie hoch aversiven – Unterbringung in einer Institution bei Misserfolg. Die in der ZEA beschriebenen Ziele wurden gekoppelt mit gestuften Handlungsschritten und einem Belohnungssystem (incl. einer Sanktion).

8.4 Betreuung psychiatrischer Patienten

In der Arbeit mit einer schizophrenen Patientin, im Rahmen gemeindenaher Psychiatrie, erwies sich die Partizipation an der Zielentwicklung als große Herausforderung: Es wurden zunächst auch „merkwürdige" Zielformulierungen angenommen. Dann wurde auf expertengestützte Zielbestimmungen umgeschaltet, und die ZEA wurde als Instrument in einem Einzelfalldesign eingesetzt. Zum Beispiel wurden die Ziele der Patientin „Wut kontrollieren" und „Mehr Freunde" / "Besser zusammenleben" sowie „Weniger Nebenwirkungen der Medikamente" verknüpft mit „Regelmäßige und kontrollierte Einnahme der Medikamente". Ergebnis: je konsequenter die Medikamenteneinnahme war, umso besser waren die Sozialbeziehungen und umso seltener die unkontrollierten Wutausbrüche (Baseline (A) = 22 Wochen; Interventionsphase (B) = 20 Wochen). Dieser Zusammenhang war vorher nicht erkannt worden. Ein positiver Nebeneffekt stellte sich dadurch ein, dass sich durch die regelmäßige Medikamenteneinnahme unter Aufsicht der Fachkraft auch eine deutlich bessere Tagesstrukturierung entwickelte.

8.5 Beschäftigungsorientiertes Fallmanagement

Das Beschäftigungsorientierte Fallmanagement ist ein spezielles Dienstleistungsangebot für arbeitslose Menschen, die schwer vermittelbar sind. Meist bestehen sog. multiple Problemlagen bzw. Vermittlungshemmnisse, die über rein arbeitsmarktbedingte Hemmnisse hinausgehen. Kennzeichnend sind vielfältige Probleme und unzureichende Ressourcen: fehlende Qualifikation, mangelnde Sprachkenntnisse, fehlende Betreuungsplätze, familiäre Schwierigkeiten, Schulden, gesundheitliche Einschränkungen und Suchtprobleme, Verlust an sozialer Kompetenz oder fehlendes Selbstwertgefühl. Eine „Verlustspirale" mit zunehmender sozialer Isolation ist eine häufige Problemkonstellation (vgl. Hollederer, 2008).

Aufgabe des Fallmanagement ist es, in mehreren Schritten Ressourcen wieder aufzubauen und so zur Bewältigung der komplexen Problemlagen beizutragen. Die Fachkraft im Fallmanagement bietet Unterstützungen an, die mittelfristig den Weg in den Arbeitsmarkt ebnen sollen. Dabei ist eine strukturierte und zielbezogene und kooperative Vorgehensweise notwendig. Als Voraussetzung für eine gelingende Beratung und Förderung gelten auch hier die üblichen Kernkriterien für psychosoziale Intervention. Die Prozessstufen im Fallmanagement gleichen dem Vorgehen in anderen psychosozialen Beratungs- und Berteuungskontexten (vgl. Göckler & Kraatz, 2004). Neben dem „Intake" leitet bereits die Diagnose, wo Lösungsorientierung und „Reframing" (Neueinschätzung der Ausgangslage mit wertschätzender positiver Konnotation) im Vordergrund stehen, und das „aktivierende Assessment" die Zielplanung ein.

Der Einsatz der ZEA bietet sich insbesondere in dem darauf folgenden Schritt, der *Zielvereinbarung,* an. Hier wird festgelegt, was in welchem Zeitraum auf welche Weise erreicht werden soll. Dazu werden die vorher erstellten Diagnosen herangezogen. Gemeinsam mit den Klienten werden unter Berücksichtigung der vorhandenen Bewältigungsressourcen und den regionalen Gegebenheiten des Arbeitsmarktes Ziele entwickelt, die überprüfbar und messbar sind. Es wird eine längerfristige Zeitperspektive eingenommen, wobei eine kleinschrittige Operationalisierung der Ziele nötig wird, um eine kontinuierliche Bearbeitung und Kontrolle zu ermöglichen.

Es folgt die kooperative Planung der Hilfsangebote, ggf. unter Einbeziehung von Angehörigen und weiteren Fallbeteiligten, unter Berücksichtigung des regionalen Netzwerks und bestehender Hilfeangebote, des Klientennetzwerks und der vorhandenen Bewältigungsressourcen. Ein solcher Hilfeplan schafft Transparenz wie Göckler und Kraatz (2004) betonen.

Im folgenden Prozessschritt, der einzelfallbezogenen Steuerung der Leistungen Dritter, wird das benötigte Leistungsangebot bedarfsgerecht erbracht. Hier geht es um Moderations- und Vermittlungsarbeit, Verknüpfung von Angeboten, Aufbau von Netzwerken durch zielbezogenes und budgetorientiertes Arbeiten.

Während die ZEA in den vorgenannten Prozessschritten „mitläuft", spielt sie beim abschließenden Monitoring und der Evaluation wieder eine zentrale Rolle: Hier wird eine zielorientierte Auswertung des Fallverlaufes nötig. Daten über den Fallverlauf werden zielbezogen erhoben und ausgewertet, um die Fortschritte der Klienten systematisch und kontinuierlich zu beurteilen und die Effektivität der einzelnen Interventionen und Hilfsangebote zu bewerten.

Verschiedene Autoren betonen (z.B. Hanft, 2006), dass für das Fallmanagement von oft psychisch gefährdeten, chronisch kranken, behinderten, oder mehrfach belasteten Menschen ein Verfahren wie die ZEA dringend notwendig ist. Das heisst, ein Verfahren, das sowohl bei der Dokumentation zielbezogener Arbeit auf verschiedenen Ebenen im Fallverlauf hilfreich ist, als auch bei der Strukturierung der Interventionen und Hilfemaßnahmen. Zugleich ermöglicht das Verfahren die Überprüfbarkeit und Evaluation der vereinbarten Ziele. Trotz des Einzelfallcharakters lassen sich in der Praxis Wiederholungen der Themen und Inhalte bestehender Problemlagen feststellen, welche die Integration der Klienten in den Arbeitsmarkt erschwert oder verhindert haben. Die Studie von Hanft (2006) unterstreicht, dass die ZEA eine wesentliche Grundlage für die geschilderte Variante des Beschäftigungsorientierten Fallmanagements bei jungen Erwachsenen unter 25 Jahren bilden kann.

9. Literatur

Antonovsky, A. (1997). Salutogenese. Zur Entmystifizierung von Gesundheit. Deutsche erweiterte Herausgabe von A. Franke. dgvt-Verlag. Tübingen.

Atkinson, C., Hargreaves, W., Horowitz, M.J. & Sorensen, J.E. (1978). Evaluation of human service programs. New York: Academic Press.

Cournoyer, B. (1996). The social work skills workbook. 2nd Edition. Pacific Grove: Brooks/Cole Publishing Company,.

Elliott, R., Watson, J.C. Goldman, R.N. & Greenberg, L. (2004). Learning emotion-focused therapy. The process-experiential approach to change. Washington, D.C.: American Psychological Association APA.

Ellis, N.C. & Mumpower, J.L. (1975). Automated Evaluation of Goal-Attainment Ratings. Psychiatric Services, 26 (3), 163-164.

Ferenszkiewicz, D. (1988). Evaluation. In: Asanger, R. & Wenninger, G. (Hrsg.), Handwörterbuch der Psychologie. Weinheim: Psychologie Verlags Union.

Frank, J.D. (1961). Persuasion and healing. John Hopkins Press, Baltimore. Dt. (1981, 1992). Die Heiler. Wirkweisen psychotherapeutischer Beeinflussung. Stuttgart: Klett-Cotta.

Fichter, M.M. (1989). Versuchsplanung experimenteller Einzelfalluntersuchungen in der Psychotherapieforschung. In: F. Petermann (Hrsg.), Einzelfallanalyse. (S. 61-79). München: Oldenbourg.

Grawe, K., Donati, R. & Bernauer, F. (1994). Psychotherapie im Wandel - Von der Konfession zur Profession. Hogrefe: Göttingen.

Göckler, R. & Kraatz, S. (2004). Fallmanagement und Netzwerkarbeit in der Beschäftigungsförderung – Ein Leitfaden für die soziale und berufliche Integration. Herausgegeben von der Fachhochschule des Bundes, Fachbereich Arbeitsverwaltung, AuF-Print Nr. 11 der Fachhochschule des Bundes, FB Arbeitsverwaltung, Mannheim.

Green, R.-J. & Herget, M. (1989). Outcomes of systemic/strategic team consultation: 1. Overview and one-month results. Family Process, 28, 37-58.

Greenberg, L.S. (2002). Emotion focused therapy: Coaching clients to work through their feelings. Washington, D.C.: American Psychological Association.

Hanft, D. (2006). Die Entwicklung einer Zielerreichungsanalyse für das Beschäftigungsorientierte Fallmanagement in der Einzelfallarbeit mit jungen Erwachsenen bis 25 Jahre. Unveröffentlichte Masterthesis. Coburg: Fachhochschule.

Hollederer, A. (2008): Psychische Gesundheit im Fall von Arbeitslosigkeit. http://www.bsafb.de/fileadmin/downloads/pa12_7_2008/pa12_psychische_gesundheit_im_fall_von_arbeitslosigkeit.pdf, (rev. 25.02.2012).

Kazdin, A.E. (1994). Methodology, design, and evaluation in psychotherapy research. In A.E. Bergin & S.L. Garfield (Eds.), Handbook of psychotherapy and behaviour change (4th ed.) (pp. 19-71). New York: Wiley.

Kieresuk, T.J. & Sherman, R.E. (1968). Goal attainment scaling: A general method for evaluating comprehensive community mental health programs. Community Mental Health Journal, 4, 443-453.

Kieresuk, T., Smith, A. Cardillo, J.E. (Eds.) (1968). Goal attainment scaling: application, theory and measure. Hillsdale : Lawrence Erlbaum.

Kordy, H. & Hannöver, W. (1999). Zur Evaluation psychotherapeutischer Behandlungen anhand individueller Therapieziele. In H. Ambühl & B. Strauss (Hrsg.), Therapieziele (S.75-90). Göttingen: Hogrefe

Locke, E., Shaw, K., Saari, L. & Latham, G. (1981). Goal setting and task performance: 1969 – 1980. Psychological Bulletin, 90(1), 125 – 152

Lutz, K., Keller, F., Fegert, J.N., Bartelworth, C. & Stiller, K. (2006). Individuelle Erfassung pädagogischer Ziele und standardisierte Erhebung psychosozialer Belastung von Jugendlichen in pädagogischen Einrichtungen: Eine Machbarkeitsstudie zur Objektivierung der Hilfeplanung in elf stationären pädagogischen Einrichtungen des Christlichen Jugenddorfwerks (CJD). Themenheft „Wirkungen in den Erziehungshilfen" EREV-Schriftenreihe, 47 (3), 76-92.

Margraf, J. & Schneider, S. (1990). Panik. Angstanfälle und ihre Behandlung (2.Aufl.). Berlin: Springer.

Ng, B.F.L. & Tsang, H.W.H. (2002). A program to assist people with severe mental illness in formulating realistic life goals. The Journal of Rehabilitation, 68, (4), 59-66.

Orlinsky, D.E. & Howard, K.I. (1987). A generic model of psychotherapy. Journal of Integrative and Eclectic Psychotherapy, 6, 6-27.

Orlinsky, D.E., Grawe. K. & Parks, B.K. (1994). Process and outcome in psychotherapy. In S.L. Garfield & A.E. Bergin (Eds.), Handbook of psychotherapy and behavior change (3rd ed.) (pp. 311-384). New York: Wiley.

Osten, P. (1995). Die Anamnese in der Psychotherapie. München: Ernst Reinhardt Verlag.

Pauls, H. (2002). Erfahrungsorientierte Klinische Sozialarbeit in der Kinder-, Jugend- und Familienhilfe – Konzeption einer Praxiseinrichtung. Gesprächspsychotherapie und Personzentrierte Beratung (GwG), 3/02, 223-228.

Pauls, H. (2011). Klinische Sozialarbeit. Grundlagen und Methoden psycho-sozialer Behandlung. Weinheim und München: Juventa.

Pauls, H. & Reicherts, M. (1999). Empirische Forschung in der Gestalttherapie am Beispiel eines praxisorientierten Forschungsprojektes. In R. Fuhr, M. Sreckovic & M. Gremmler-Fuhr (Hrsg.), Handbuch der Gestalttherapie (S. 1137-1160). Göttingen: Hogrefe.

Pauls, H. & Reicherts, M. (2001). Die Zielerreichungsanalyse (ZEA). In: Tscheulin, D., Würzburger Leitfaden (WLF) zur Verlaufs- und Erfolgskontrolle psychotherapeutischer Interventionen. Köln: GwG.

Petzold, H. (1992). Die 14 Wirkfaktoren in der Psychotherapie. In: Petzold, H. & Sieper, J. (Hrsg.), Integration und Kreation. Paderborn: Junfermann.

Rahm, D., Otte, H., Bosse, S., Ruhe-Hollenbach, H. (1993). Einführung in die Integrative Therapie. Paderborn: Junfermann.

Rapp, C.A. (1998). The strengths model. Case management with people suffering from severe and persistent mental illness. New York, Oxford: Oxford University Press.

Reicherts, M. (1988). Diagnostik der Belastungsverarbeitung. Neue Zugänge zu Stress-Bewältigungs-Prozessen. Bern: Huber.

Reicherts, M. (2011). Ansatzpunkt Therapeut-Patient-Beziehung: Gesprächstherapeutisch orientierte Psychotherapie. In M. Perrez & U. Baumann (Hrsg.), Lehrbuch Klinische Psychologie – Psychotherapie (4. aktual. Aufl.). Bern: Huber.

Reicherts, M. (2007). Dimensions of Openness to Emotions (DOE) – A model of affect processing. (Research Report No. 168). Fribourg: University, Department of Psychology.

Reicherts, M., Genoud, Ph.A. & Zimmermann, G. (2011). Emotionale Offenheit. Ein neues Modell in Forschung und Praxis. Bern: Huber Verlag.

Reicherts, M., Pauls, H., Rossier, L. & Haymoz, S. (2011). Emotionale Offenheit in psychologischen Interventionen. In M. Reicherts, Ph.A. Genoud & G. Zimmermann, Emotionale Offenheit. Ein neues Modell in Forschung und Praxis (S. 195-220). Bern: Huber Verlag.

Reicherts, M. & Perrez, M. (1993). Fragebogen zum Umgang mit Belastungen im Verlauf (UBV). Bern: Hans Huber.

Richman, J. M., Rosenfeld, L. B., & Hardy, C. J. (1993). The Social Support Survey: A validation study of a clinical measure of the social support process. Research on Social Work Practice, 3, 288-311.

Rogers, C.R. (1961). On becoming a person. A therapist's view of psychotherapy. Boston: Houghton Mifflin.

Rogers, C.R. (1987). Eine Theorie der Psychotherapie, der Persönlichkeit und der zwischenmenschlichen Beziehungen (3. Aufl.). Köln: GwG Verlag.

Romney, D.M. (1976). Treatment progress by objectives: Kiresuk's and Sherman's approach simplified. Community Mental Health Journal, 12, 210-218.
Sachse, R. (1992). Zielorientierte Gesprächspsychotherapie. Göttingen: Hogrefe.

Sachse, R. (1996). Praxis der Zielorientierten Gesprächspsychotherapie. Göttingen: Hogrefe.

Shapiro, D.A., Caplan, H.I., Rohde, P.D. & Watson, J.P. (1975). Personal Questionnaire changes and their correlates in a psychotherapeutic group. British Journal of Medical Psychology, 48, 207-215.

Wendt, W. R. (2005). Die generelle Rolle und Bedeutung von Case Management in Humandiensten. Case Management 1/05, 4-9.

Anhang

ZEA

Durchführungsanweisung
Erhebungs- und Auswertungsbogen

Zielerreichungsanalyse (ZEA) - Durchführungsanweisung

Klient/-in

Name	Vorname	Chiffre	Datum Ersterhebung

Schritt I: Erfassung und Gewichtung der Veränderungsziele

Die Erfassung der wichtigsten Veränderungs-Ziele des Patienten/Klienten sollte möglichst früh im Verlaufe der maßnahme im Rahmen der Kontrakterarbeitung erfolgen.

1. Schritt: Zusammen mit dem Klienten werden seine wichtigsten Anliegen, Probleme, Sorgen oder Schwierigkeiten präzisiert. Beispiele: Individualbezogene Anliegen: Selbstabwertung, Auseinandersetzungen mit dem Partner, situationsbezogene Ängste, Arbeitsüberlastung, Lernen bestimmter sozialer Kompetenzen; beziehungs- und umgebungsbezogene Anliegen: mehr soziale Kontakte, Annahme von Angeboten sozialer Unterstützung, Konfliktlösung mit wichtiger Bezugsperson. Es werden mind. 2 und höchstens 5 Probleme ausgewählt, konkret benannt und aufgelistet.

2. Schritt: Für jedes Anliegen bzw. jeden Problembereich wird das optimale Veränderungsziel konkret bestimmt. Es handelt sich um das Veränderungsziel, das vom Patienten/Klienten (hoch) erwünscht und im Konsens mit der Fachkraft / BeraterIn oder TherapeutIn unter optimalen Bedingungen erreichbar erscheint. Es wird konkret und möglichst messbar beschrieben durch Angabe der Umstände und der Verhaltens- und Erlebnisweisen, die angestrebt werden und die beobachtbar sind. Sodann wird der gegenwärtige Zustand in gleicher Weise konkret beschrieben. Beides wird in das Schema eingetragen.

3- Schritt: Für jedes Anliegen / Problem wird gemeinsam mit dem Klienten/Patienten eine griffige Bezeichnung / Benennung gesucht und in den Bogen eingetragen. Anhand dieser Benennung kann bei späteren Messungen rasch ein Bezug zum Zielbereich hergestellt werden.

4. Schritt: Jeder Zielbereich wird entsprechend seiner Bedeutung für den Klienten/Patienten gewichtet. Dafür stehen 100 Gewichtpunkte zur Verfügung, die auf die Probleme zu verteilen sind. Beispiel: Ein Klient mit den Problemen (1) Beziehungsprobleme mit dem Partner und (2) Selbstabwertung und gewichtet (1) mit 30 und (2) mit 70 Gewichtpunkten.

Damit ist die Zielbestimmung abgeschlossen. Sie bildet die Grundlage für die regelmäßige Bewertung der Zielerreichung bzw. Besserungsrate.

Schritt II: Bewertung der Zielerreichung/Besserungsrate

Zu jedem (vorgesehenen) Zeitpunkt der Überprüfung der Veränderung/Zielannäherung (z.B. alle 10 Sitzungen, Abschlussmessung und Katamnese) wird dem Patienten/Klienten das Schema mit folgender Instruktion vorgelegt:

„Bitte schätzen Sie ein, inwieweit Sie gegenwärtig Ihre Ziele erreicht haben und sich Ihre Problematik seit Beginn der Beratung/Therapie gebessert hat. Wir beginnen mit dem Ziel, das Sie damals ‚…' genannt haben. Die optimale Zielerreichung hatten sie damals folgendermaßen beschrieben: …. Und daran … wollten Sie erkennen, inwieweit Sie sich dem Ziel annähern konnten: zu 25%, 50%, 75% etc…"

Wichtig:

Veränderungen werden immer ausgehend vom <u>Ausgangszustand</u> bewertet, so wie er anfänglich definiert wurde. Es wird also beurteilt, was sich seit Interventions<u>beginn</u> (bzw. der ersten Messung) <u>in Richtung optimales Veränderungsziel</u> und <u>nicht</u>, was sich seit der jeweils letzten Messung verändert hat!

Die Verbesserungsrate bzw. Zielerreichung wird auf einer Skala von 0% (entsprechend dem Ausgangszustand) und 100% (entsprechend dem optimalen Zielzustand) bewertet und mit dem jeweiligen Erhebungsdatum und der Sitzungs-Nummer in das vorgesehene Profil eingetragen. Mit drei Zwischenstufen umfasst die Skala folgende Stufen:

- keine Besserung (Zustand wie zu Beginn)   0%
- leichte Besserung („ein wenig")   25%
- mittelmäßige Besserung („spürbar")   50%
- deutliche Besserung („ziemlich")   75%
- vollständige Besserung (optimale Zielerreichung)   100%
- bei evtl. Verschlechterungen wird der Wert mit einem Minus-Zeichen versehen: - X% (= Zustand schlechter als zu Therapie/Beratungsbeginn)

Wenn möglich, auch die Zwischenstufen (25%, 50%, 75%) durch eine genaue Beschreibung operationalisieren.

Beispiel: Problem "Selbstabwertung"; eine mittelmäßige Besserung (=50%) liege vor, wenn es häufiger gelingt (z.B. wenigstens einmal pro Tag), sich selbst Fehler zu verzeihen und bei Schwierigkeiten zu ermutigen, aber das Annehmen fremder Wertschätzung noch die Ausnahme ist (seltener als einmal pro Tag).

Schritt III: Auswertungen und Interpretation

(1) Die Bewertungen werden in der jeweiligen Zieltabelle numerisch und graphisch eingetragen. Bei mehreren Messungen sind die *Verläufe* dann direkt im Profil sichtbar.

(2) Bestimmung des Veränderungsindex pro Therapieziel:
VI wird zu jeden Messpunkt für jedes Zieles in die jeweilige Spalte eingetragen.

$$\textit{Veränderungsindex} \ (VI) = \frac{\textit{Veränderung in \%}}{100} * \frac{\textit{Zielgewicht in \%}}{100}$$

(3) Addition der Veränderungsindizes pro Messzeitpunkt (je Spalte) zum *Gesamtindex der Veränderung GVI*. Bewertung des Gesamtindex, z.B. am Ende einer Behandlung:

GVI bis .25   = gering (nahe 0 = unverändert)
GVI .25 bis .49   = etwas oder akzeptabel
GVI .50 bis .75   = spürbar oder gut
GVI ab .75   = deutlich bis optimal oder ausgezeichnet

Im folgenden Beispiel beträgt der Gesamtveränderungsindex nach der 15. Sitzung GVI=0.325, d.h. „etwas" bzw. „akzeptabel", nach der 30. Sitzung ebenfalls (GVI=0.425). Zum Behandlungsende ist die Gesamtveränderung „gut" (GVI=0.650). Bei der Katamnese, nach 15 Wochen lässt sich eine weitere Verbesserung beobachten, die insgesamt „deutlich" ist (GVI=0.775).

Beispiel zur Erfassung von Veränderungszielen und zur Bewertung der Zielerreichung:

Ziel	Benennung	Optimale Veränderungsziele	Zustand zu Beginn der Therapie/Beratung	Ge-wicht w	Sitzung 15.	30.	41.(Ende)	Katamnese (15 Wo.)	
1	Partner-konflikte	regelmäßig miteinander reden;	kaum miteinander reden;	30			100%	100%	100%
		gern an den Partner denken,	ständig mit unangenehmen			75%			75%
		wieder miteinander schlafen;	Gefühlen / Gedanken		50%				50%
		vor Konflikt keine Angst haben;	an den Partner beschäftigt;						25%
		eigene Bedürfnisse, Wünsche	eigene Wünsche und						0%
		und Enttäuschungen nennen	Enttäuschungen verschweigen						
					0.15	0.25	0.30	0.30	VI
2	Selbst-abwertung	bei Fehlern	sich ständig selbst kritisieren;	70					100%
		sich selbst verzeihen können;						75%	75%
		bei Schwierigkeiten	bei Schwierigkeiten				50%		50%
		sich selbst ermutigen;	sich abwerten;		25%	25%			25%
		Wertschätzung durch andere	von anderen Kritik und						0%
		andere annehmen	Ablehnung erwarten						
					0.175	0.175	0.350	0.475	VI
					0.325	0.425	0.650	0.775	GVI

Pauls & Reicherts – Zielerreichungsanalyse – 2. Aufl. 2012 – Copyright ZKS-Verlag

Ziel Nr. Benennung	Optimale Veränderungsziel e	Zustand zu Beginn d. Intervention/Beratung	Gewicht w
1.			
2.			
3.			
4.			
5.			

Sitzung Nr. Datum							Katamnese	Verbesserung
1. 100%								vollständig
75%								deutlich
50%								mittelmäßig
25%								leicht
0%								keine
	VI=	VI=	VI=	VI=	VI=	VI=	VI=	
2. 100%								vollständig
75%								deutlich
50%								mittelmäßig
25%								leicht
0%								keine
	VI=	VI=	VI=	VI=	VI=	VI=	VI=	
3. 100%								vollständig
75%								deutlich
50%								mittelmäßig
25%								leicht
0%								keine
	VI=	VI=	VI=	VI=	VI=	VI=	VI=	
4. 100%								vollständig
75%								deutlich
50%								mittelmäßig
25%								leicht
0%								keine
	VI=	VI=	VI=	VI=	VI=	VI=	VI=	
5. 100%								vollständig
75%								deutlich
50%								mittelmäßig
25%								leicht
0%								keine
	VI=	VI=	VI=	VI=	VI=	VI=	VI=	
Summe der VI pro Spalte = GVI	GVI=	GVI=	GVI=	GVI=	GVI=	GVI=	GVI=	

Zeitfracht Medien GmbH
Ferdinand-Jühlke-Straße 7
99095 Erfurt, Deutschland
produktsicherheit@kolibri360.de